© Éditions Complicités, Chez Pierres de Paris – 44 rue Rouelle, 75015 Paris, 2021
ISBN : 9782351203996
Dépôt légal : 4e trimestre 2021
www.editions-complicites.com

À lire à haute voix pour entrer dans le rythme...

AGNÈS PARENT DE CURZON

POSE TON ENCRE AILLEURS

Illustrations de l'auteur

Éditions Complicités

Les mots écrits ne sont là que pour donner le temps
à d'autres mots de se faire entendre.

Christian Bobin

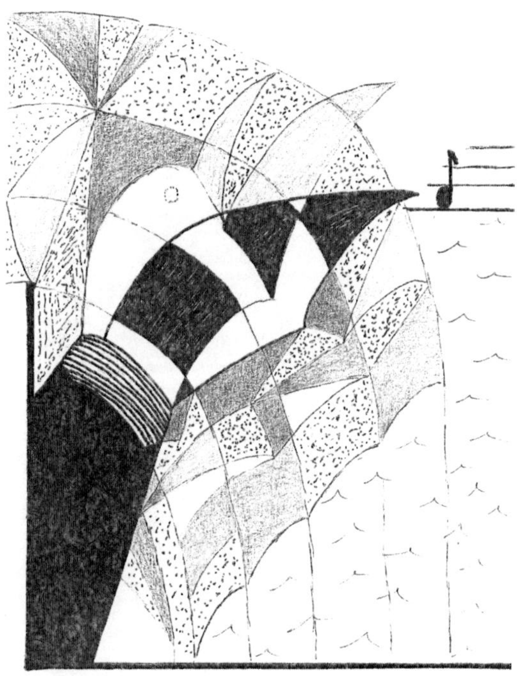

Note au lecteur

J'ai laissé ma plume écrire ce qu'elle avait à dire.

J'ai laissé ma plume dessiner ce qui lui venait, comme elle le désirait, afin de rejoindre les non-dits du poème.

J'ai laissé ma plume voyager où bon lui semblait, son regard en guise de filtre, histoire de laisser une trace bien sûr.

Une trace de quoi ? D'un instant, d'une personne, d'un masque ou d'un vertige, confinement ou bien rêve, dragon blanc, éléphant, parfois même colibri, toujours d'une rencontre.

Puis j'ai jeté mon ancre tout au fond du silence bien loin de la tache d'encre et de l'apparent chaos des jours et je suis descendue, en quête de lumière.

J'y ai trouvé cette force de vie dont l'inspiration se nourrit car créer ouvre un sillon au germe du semeur.

La poésie est vibration de l'âme, invitation à larguer les amarres. Quant au dessin, d'un trait sous la paupière, il souligne le regard en quête d'harmonie.

Tel est mon fil conducteur, ma joie la plus profonde que je vous propose de découvrir ici.

ÉCHAPPÉE BELLE

J'ai commencé par le Finistère, l'appel du large.
L'ouvrage sera sans fin,
Car ainsi vont les rêves
Ouverts sur un ailleurs.
Qui n'a pas de frontière.

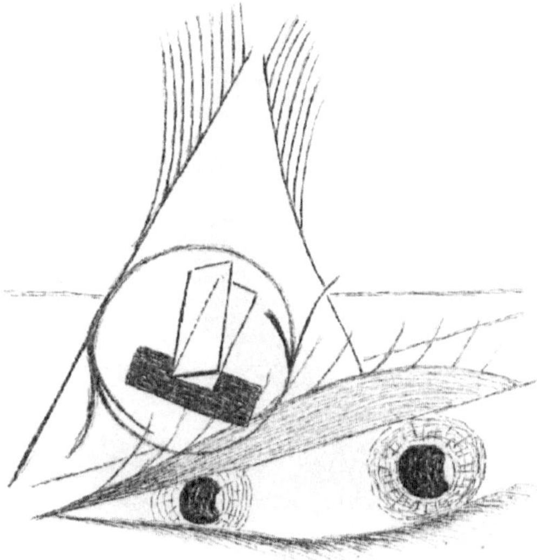

FINISTÈRE – OUESSANT

AVIS DE TEMPÊTE, LE VENT, CE SOIR

Que dit ce vent qui hurle,
Qui hurle tellement
Qu'il traverse ton corps ?
Que vient-il déloger ?
Que vient-il révéler ?
Que vient-il balayer ?
Cette tristesse, inquiétude, cœur serré, souffle court ?
Il a tout réveillé, bousculé, chahuté
Sans vouloir te blesser, sans vouloir te saouler
Il vient tout dégager, autour de toi, dehors.

Laisse-le faire,
Il est dehors,
Tu es dedans.

Il repousse les nuages dans leur nasse d'angoisse
Et il recouvre tout :
Même la mer
Ne s'entend plus
Briser l'écume…
Tu ne peux l'affronter
Tu dois ployer le front, aussi, courber l'échine.
Il fait tout le boulot,
Il va tout faire valser, envoyer valdinguer.

Laisse-le faire,
Tu es dedans,
Reste dedans.
Entends son souffle
S'il s'apaise, c'est pour reprendre, un peu plus tard,
D'un peu plus loin, beaucoup plus fort.
Laisse filer tes résistances, affale le foc,
Fais-toi petite, il fait place nette.

Laisse-le faire,
Détache-toi,
Habite le centre,
Genoux à terre,
Le dos courbé,
Tu es prière,
Il est mystère
Laisse-le faire,
Tu es dedans.

Ouvrir la porte, laisser entrer et t'échapper ?
Pas le moment,
Pas demandé
Reste centrée.

Laisse-le faire
Et confie-lui
Ces freins, ces craintes,
Que tu ne sais
Même plus nommer,
Lui seul les voit, peut les chasser, déraciner.

Laisse-le faire,
Tourner la terre, la labourer, tout sillonner,
Venu de loin, du bout des temps, il porte les graines
Laisse-le semer
Il est dedans.

Crois aux étoiles qui vont surgir un peu plus tard, demain peut-être
Dans le silence et le grand calme d'une voie lactée.
Là est ton gîte, bien à l'abri dans les grands fonds
Tu es lumière, ne l'oublie pas.
Laisse-le faire,
Tu es ermite,
Seule la lumière persistera, émergera
De ce chaos, ce grand chaos où sans comprendre
L'humanité se laisse aller.

Laisse-le faire,
Tu es à poil, tous tes vêtements ne servent à rien
Le vent s'infiltre entre les couches, il te veut nue.

Laisse-le faire.
Le vent t'emporte
Tu ne crains rien
Il te posera
Où ce sera
Ne cherche pas,
Ne cherche plus.

Laisse-le faire,
Il veut ton bien
Ici ailleurs
Tu es dedans,
Reste centrée,
Prête à germer.

Le vent se calme et tout se pose, plus aucun bruit,
Aucun embrun, plus rien ne claque,
Tout est silence car tout écoute
Cette Présence
Source de tout
Tu es dedans, reste branchée, ose sourire, te déployer
Ose danser, tout est mouvement où équilibre ne veut rien dire
Car tout avance, dans ce silence.

Dehors au loin
Veille la Vierge, phare tournant autour de nous,
Ouvre les yeux, regarde-la,
Laisse la joie
Te réveiller
C'est ça l'Amour
Laisse-toi faire.

INSPIRATION

J'entre dans le silence,
Ça fait encore du bruit…
Comment laisser le vide
Se frayer un chemin ?

Le vent s'engouffre en force
La houle déferle en masse
Multiples frottements
Les pensées parasites
Se heurtent violemment.
Sous le front de ma tête.

Alors même que tout claque
Percevoir au-delà
La vibration légère
Qui déploie sa puissance
En profonde harmonie
Avec les éléments
Source d'inspiration
Vivier de création...

LES ROCHERS DE LA POINTE

Ces pierres enchevêtrées
Pressées de toutes parts
Font face à l'océan.

Rochers invulnérables
Ni la mer ni le vent
Ne peuvent les blesser.
Leurs visages de granit
Restent froid comme marbre,
Ils contiennent les âmes
De nos gardiens sacrés.
On peut les voir sourire
Si on a la patience
D'attendre une accalmie
Un rayon de soleil
Une barbe d'écume
Un enfant qui veut jouer
À leur grimper dessus.

Honorons leur présence
Respectons leurs secrets
Laissons-les affronter
Les éléments qui passent.
Gardiens d'éternité
Est le code d'accès.

PIERRE SACRÉE

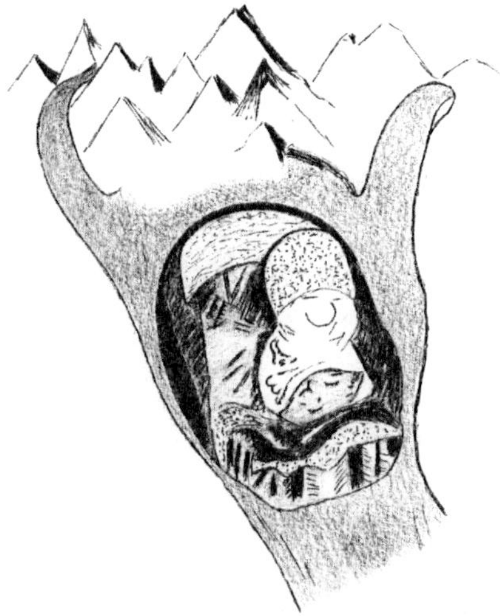

Arrivée du Pérou
Posée sur un rocher
Face à l'immensité
D'un océan colère
Elle rejoint sa terre-mère
D'un seul trait de pensée.

Elle m'apporte la joie
Sa gentillesse aussi,
Réceptacle d'offrande,
Réceptacle de grâce.

Imprégnée de rondeur
Elle me donne son poids
Stabilité profonde
Qu'aucun vent ne désarme.

Nous sommes à Ouessant
Elle arrive de Pisac
De la vallée sacrée
Où je l'ai dénichée
Où elle m'a rencontrée
Et je ne sais rien d'elle
Sinon qu'elle est sacrée,
C'est la Pacha Mama
Qui s'invite chez moi,
Éternel féminin
Au service de la Vie.

À votre tour de dessiner ici si le cœur vous en dit…

ACCALMIE

Le vent est retombé
La mer s'est apaisée
Et me voilà à plat
Je n'ai plus à lutter
Cela me déconcerte
Installée sous ma couette
Je ne fais que bailler.

Où est mon inspiration
Dit mon crayon de plomb
En manque d'émotions ?

Je n'imaginais pas
La force de l'ascendant
La puissance de l'emprise
Des éléments sur moi,
Me voilà assommée
Épuisée essorée
Ouatée de tout côté
Guettant à chaque instant
La gifle d'une rafale
Qui ne saurait tarder !
Va falloir me détendre
Sinon je deviens crêpe.

LE VENT ET LE SAUVEUR

Le vent est revenu
Je ne l'attendais plus.
Il me transmet sa rage
Et je ne comprends pas.
Il cogne, il siffle, il pleure,
Contre qui en a-t-il
Pour frapper à ce point
D'un côté et de l'autre ?
Émissaire d'ailleurs
Contre qui se bat-il,
De quoi protège-t-il ?

Son énergie pénètre,
M'incite à y aller,
Sauver la terre entière
Sans me soucier du reste,
Je sais ce qu'il lui faut
J'ai tout le nécessaire…

Mais c'est en pure perte,
M'empêche de sortir
En claquant les volets
Bloquant toutes les portes.
Dans quoi suis-je enfermée
Dont je ne puis sortir ?

Comment toucher la berge
D'un au-delà plus calme,
Indiquer le chemin
Vers ce qui semble un but ?
Quelqu'un peut-il m'aider
À forcer le passage ?

**Un guide m'interpelle,
La force ne sert à rien
Elle est outil du vent,
Lui seul sait ce qu'il fait
Et pourquoi il est là
À ce moment précis
Où je ne comprends rien.**

**Invite la douceur
Seule capable de vibrer,
Forer est sa mission
Sans relâche et sans peur
Dénicher la lumière
Tout au fond de ce puits
Qui fera d'une prison
Un phare dans la nuit.**

**Laisse donc le vent
Il veut te prévenir
D'un excès de contrôle
Qui te pourrit la vie.
Il t'incite à creuser
Au fond de ta maison
Car il n'en a que faire
De ton ego froissé
Qui veut toujours sauver.**

ARMOR

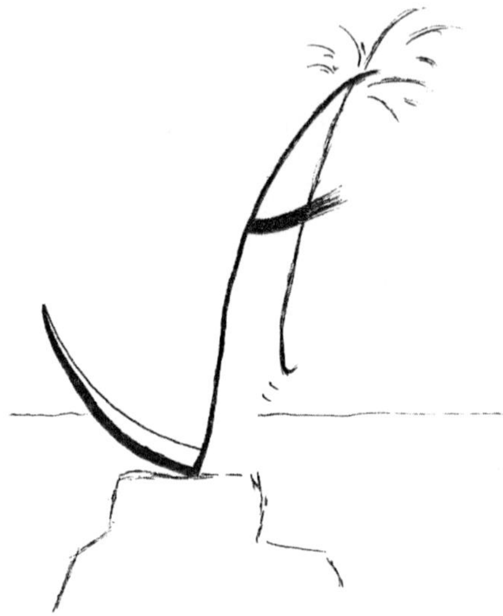

Face à la mer
Sur son rocher
Armor se dresse.

À tribord le A veille,
Il surfe sur la vague,
Perpétuel mouvement
Qui dit : *commencement.*

À babord est la mort,
Elle brandit sa faucille
Et dit : *c'est terminé.*
Entre les deux
Cheval buté
Chenal ouvert
Face aux rafales,
Le R.

La mort face à l'amour
L'oblige à s'élever
À prendre appui sur l'air
Contre vents et marées.

L'amour emporte au large
Ce qui n'a plus lieu d'être
Pour mieux se recentrer
Sur l'âme qui se déploie
Au sein de la lumière.

N'éteignez pas le phare
C'est l'Amour qui veille.

ÉTOILE FILANTE

Simple rai de lumière,
Fulgurante incision,
Intuition de l'amour,
Elle trace dans la nuit
Quelles que soient les ténèbres
Car elle vise le Nord.
Elle écrit en délié
Un petit peu penché,
L'équilibre est précaire,
La puissance est majeure.

Laisse couler en toi
Tout ce qui doit s'inscrire,
Panneau signalétique
Sur le bord d'une route,
Éphémère présence
Pour celui qui chemine
Car tel est ton destin.

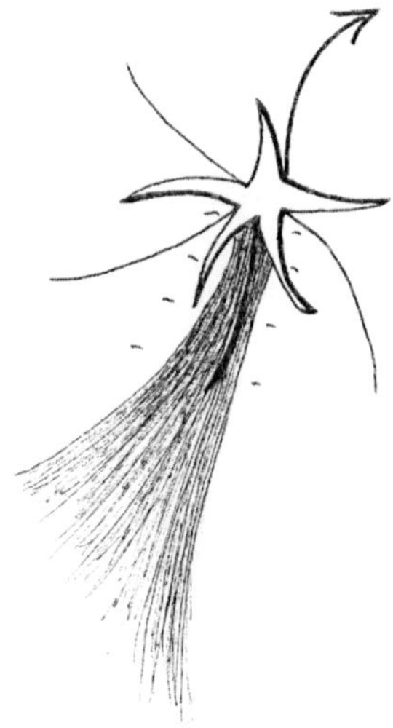

ÎLE DE RÉ

Éclipse et grande marée*

LA VEILLE

Demain je prends le train
Pour la grande marée,
Je vais sur l'île de Ré
N'y suis jamais allée,
La mer va me gronder
Et puis elle va rouler
Plus vite que ma rame,
Elle va hausser le ton
Plus haut que mon wagon.
Je crois que j'ai les jetons.

* *Mars 2015.*

MARÉE GALANTE

Marée galante,
Deuxième étage
Face ascenseur
Vue sur la mer.
Toute gonflée
De sa puissance
Elle s'est couchée
Dans la baignoire
Nappée d'écume
Un bigoudi
Sur chaque vague
Et des rouleaux
Pour masser le dos.
À peine le temps
De s'essuyer
De quelques algues
Elle a filé
Dans l'escalier,
A pris le large
Elle veut surfer
Gorge déployée
Sans s'retourner
Ni m'regarder
Avec ma gueule
De bénitier.

MARÉE DE NUIT

Marée de nuit
Ne lâche rien,
Frappe et puis cogne,
Vent pour allié
Veut tout noyer.
Mes volets sont fermés
Et je n'entends plus qu'elle
Dans sa fureur de vaincre,
Dans sa rage de vivre…
Tant de proximité,
Elle a pris tout mon être
Mes tympans et mes tripes
Envahissant mon cœur,
Elle me veut éveillée
Consciente de sa présence.
Il suffirait d'un rien
Se laisser envoûter
Se laisser emporter
Par cette mer d'encre
Qui efface les traces.

MARÉE MIROIR

La lune s'est couverte
La marée est miroir
Tapis sombre et rampant
Elle vient lécher mes pieds.
Elle sonne le rappel
Du soleil intérieur.
Lui seul peut maintenant
Au plus noir de la nuit
Franchir l'horizon
Y déposer la paix.

CONTRE VENTS ET MARÉES

J'ai poussé le volet,
Je veux participer…
Il m'a claqué au nez,
Le vent m'a repoussée,
Ma place n'est pas dehors,
C'est une affaire de grands.

Laisse-les se battre ensemble,
La marée doit gagner
Enjamber la jetée,
Neptune doit la porter
Au-delà des rochers.
Tu es fétu de paille
Abandonne ta gouaille
Totalement déplacée
Et va te recoucher
En toute humilité.

MARÉE MONTANTE

Couchée sur le rempart,
Très loin de mon plumard,
La mer en rébellion
M'impose le respect,
Ce fier élan de l'âme...
Je me laisse envahir
Par son pouvoir occulte,
Lame de fond invincible.

Le contraste est intense,
Ce sable est bien trop blond
Allongé sans défense
Une algue pour oreiller
Abandonné au flot...
Chaque grain se soulève
Et se laisse brasser,
Chahuter, bousculer
Par les vagues endiablées
Qui veulent tout contrôler.
C'est la marée montante.

TOUT LES OPPOSE

Gravité de la terre,
Qui fait tenir debout,
Gravité de la mer
Qui veut nous faire sombrer.
Nous reste à espérer
Et marcher sur les eaux.

LA GRANDE MARÉE EST BASSE

La grande marée s'étire
Elle nous tourne le dos,
Rapidement elle s'efface
Se nappe de silence,
Se drape d'indifférence

Elle va rouler ailleurs,
Son écume en écharpe…
Le vent en reste coi,
Les coquilles se vident
Et je me sens en manque
Et je l'appelle en vain
À cheval sur la bouée
Échouée sur la plage.

PÊCHE-MARÉE

Ils arrivent de partout
Bottés de pied en cap
Leur panier à la main
Le râteau sur le dos.

Par groupes de deux ou trois
Ils regardent le sol
Soulèvent les cailloux.
Fourmis très affairées,
Ouvrières des rochers.

Pas le temps de parler,
Rester très concentré.

Soudain comme un essaim
On les voit revenir
On les sent se hâter
La mer n'est plus très loin
C'est l'heure de la criée
Des pêcheurs de marée.

ÉCLIPSE DU LENDEMAIN

Me suis levée
Au petit jour
Sourire aux lèvres
Brise de printemps
Mouettes dans le ciel.

Puis tout s'est tu
Car le soleil
Si triomphant
S'est éclipsé,
Une course à faire...
Derrière la lune
Il s'est caché
S'est bien planqué,
Où le trouver ?

La mer lugubre
Durcit le ton,
Le niveau monte,
Je suis gelée.

Tout doucement
La parenthèse
Étire un bras,
Croissant de lune ?
Le disque d'or
Fronce un sourcil
Reprend sa place
Un oiseau chante...

CACHOTTERIES

Et si un nuage
Venait du large
Nous révéler
Ce que la lune
Et le soleil
Fricotent ensemble
Lorsqu'ils se croisent
Un jour d'éclipse...

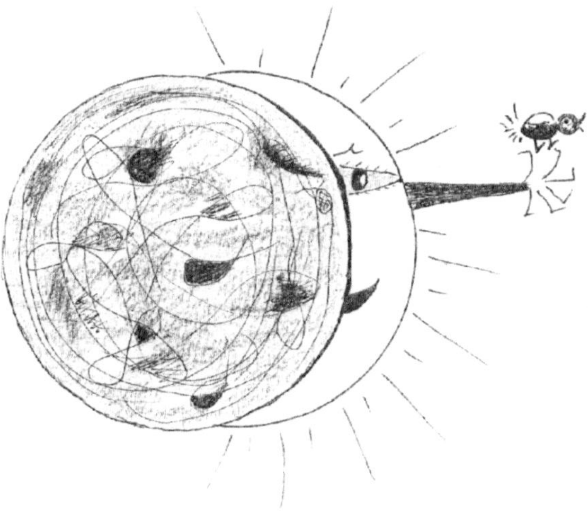

LA MARÉE APAISÉE

Ce matin elle clapote
Se prend pour une flaque d'eau
Veut nous faire oublier
L'océan insondable
Dans son immensité.

Le soleil est tout tendre
Et le vent caressant.
Les nuages d'un coup d'épaule
Laissent passer du bleu
Du jaune et du rose pâle
Ils teintent de douceur
La marée apaisée.

LES BULLES DE SAINT-MARTIN

COMMENT Y ARRIVER

LE COLZA-EXPRESS

Quelle que soit la saison,
le triomphe de la vie sait se vêtir en or pour séduire notre iris...

Dans le train pour Agen
Sur ma toile de peintre
Le colza est en fête...
Tenant sa tête droite
Il oscille du col,
Cousin du tournesol
Son avenir est sous presse.

Mon pinceau vers le Sud
Retient le mimosa
Flocons en guise de fleurs
Il est le messager
De la fin de l'hiver.

Mettant le cap à l'Ouest
Je plante des genêts
Qui font tout ce qu'ils peuvent
Contre vents et marées
Pour dire à l'océan
Que le printemps est là.

Sur le haut de la toile
Le Nord s'effiloche.
La seule touche de jaune
Qui m'est autorisée
Est celle de la terre
Annonçant le dégel
Quand la neige se dérobe.

En poursuivant vers l'Est,
Un chrysanthème en feu
Attire mon regard
Sur le sol qui s'allonge
Sous le soleil levant.

Le centre me fait signe.
Mon envie est furieuse
De plonger sans un mot
Dans la piscine d'or
Des tiges de colza
Qui entrent par la fenêtre...

Quelques heures plus tard
Le train s'est arrêté,
Il est temps de descendre.
Ma toile sous le bras,
Assise sur un pruneau,
Au pied d'un bouton d'or,
Nous sommes à Agen,
Je crois bien que j'ai faim !

BULLER, COMMENT ÇA MARCHE

LE SAS

Le sas,
Parenthèse obligée,
Complètement isolé
Il éloigne l'espace
Que nous voulions toucher :
Dedans vous êtes ailleurs,
Dehors vous n'y êtes pas,
Pourtant l'air est le même…

FERMEZ LA PORTE

À trop vouloir sortir
Sans refermer la porte
Vous prenez un grand risque,
Celui du courant d'air
Détesté par la bulle…

LA FERMETURE ÉCLAIR

Gage d'étanchéité,
Elle glisse tout en douceur
Nous isole de tout,
Dans cette bulle close
Qui n'attendait que nous.

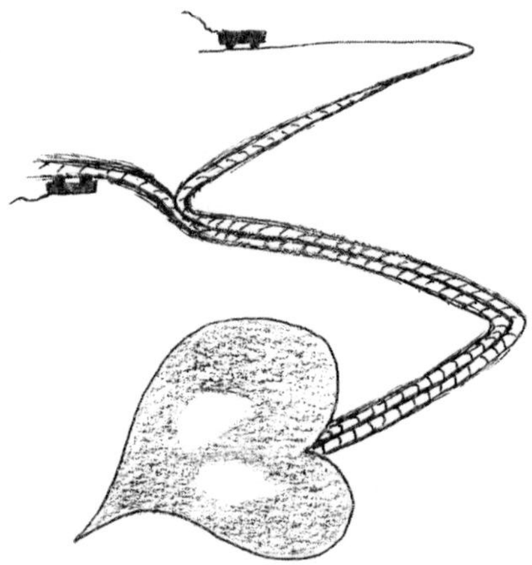

LE HUBLOT

Autorise un regard
L'accueil ou la distance.
Respectueux du silence
De la pénombre aussi,
Il joue de sa prunelle
Pour séduire les chouettes.

LE FILM TRANSPARENT

En baissant sa paupière,
Faite de transparence
Cet écran nous protège
De la vie du dehors
Autorisant l'étreinte
De nos ailes diaphanes ;
Nous sommes libellules
Dans le sein de la terre.

LE CABINET DE TOILETTE

Les toilettes sont sèches,
Sans aucun commentaire.
Elles se prennent au sérieux
Permettant d'évacuer
En toute sécurité
Ce qui doit disparaître,
Quitter notre intérieur,
Lâcher enfin nos tripes
Essorées par les peurs
De nos vies antérieures.
Tout ça me rend lyrique,
Je vais y retourner !

LE JACUZZI

Gisant près de sa bulle
Un Jacuzzi somnole ;
Il reflète les nuages,
Barbote le nez en l'air
Soufflant comme un geyser
En lâchant quelques bulles
Du fond de sa coupette…
Il attend que l'on vienne
S'imprégner de douceur,
Goûter l'apesanteur
Déguster le bonheur
De son bain de jouvence.

LA COUETTE

Absorber le soleil,
En garder la chaleur,
C'est là tout son travail
Pour devenir bouillotte
Dès que le soir descend,
Que la fraîcheur s'invite…

Fourrée de bienveillance,
En cette demi-saison,
Elle couvre d'harmonie
Une rencontre fortuite
Ou un baiser volé
Prévu de longue date.

DE L'ART DE BULLER

BULLE MA BULLE

Tout est froid,
Les étoiles frissonnent,
Elles sont inatteignables,
La distance est immense
Le Très-Haut est trop loin,
C'est ma nuit de malchance.

Même les satellites
Clignotent en silence
Tout en traçant la route
Sans même me regarder
Sans même communiquer…

La paroi de cristal
M'interdit tout contact
Je cherche le soleil
Dans cette nuit sans lune
Et c'est là mon erreur.
Je ferme les paupières,
Je n'en dirai pas plus.

BALLET CÉLESTE

La lune s'est absentée,
L'estrade est aux étoiles,
Le ballet est lancé :
Petits rats de la nuit,
Se donnent en spectacle
Vous voulant éveillé,
Vous laissant sommeiller.

Se lève une paupière ?
D'un entrechat à l'autre,
Les stars ont disparu,
Les pas de deux aussi.
Véritables commères,
Les comètes vous cherchent,
Vous lancent quelques feux
Avant de saluer
L'aube qui se profile.

Le monde est inversé
Car c'est vous qui tournez
Pour aller chevaucher
Une météorite
Qui tombe de sommeil
Au creux de votre bulle.

BULLER

Entrer dans une bulle
Chauffée par le soleil
Venu boire l'apéro
Sur le coup de midi.

Dormir et puis rêver
Dormir et puis veiller
Dormir et puis sombrer.
Se lover, admirer
Minute après minute
Calligraphie nocturne
Le dessin des étoiles,
Le destin de la nuit.

Et le jour s'est levé,
Une araignée friponne
Délimitait l'espace
Entre le ciel et moi,
Totalement intouchable,
Infiniment petite
Sur son plancher de verre
Très au-dessus de moi,
Instant surréaliste
Souligné par la brise
Surfant sans y penser
Sur la cime des arbres.

À l'abri sous mon toit
Je me suis alors dit :
L'éternité s'invite
Et le printemps aussi,
La bulle a soupiré.

LE VENT

Il fait courber les têtes,
Se glisse entre les branches
Effleure un nid douillet
Ébouriffant d'un geste
Une feuille endormie
En ce petit matin
Où le soleil se lève
Sur fond de ciel azur
À l'aplomb de mon lit.

À L'UNISSON

Le silence est subtil
Car vous entendez tout :
Du bruissement de l'air
Aux gazouillis d'oiseaux,
Des pas sur le sentier
Au tracteur qui s'éloigne…
L'écoute est amplifiée
Par votre cœur qui bat
À l'unisson du lieu.

https://www.chrysalide-st-martin.fr

MARSEILLE

LA VIEILLE CHARITÉ

La vie la mort
Se croisent encore
Dans le vieux port…
Masques statues
Têtes d'ancêtres
Pérou Afrique
Océanie.

Têtes réduites
À leur présence
Dans le silence.
Noire est la salle
Tombeaux ouverts
J'ai besoin d'air
Elles l'ont tué.

Momie d'ibis,
Trois hiéroglyphes,
Le sarcophage
Abandonné
Attend son heure
Guettant la vôtre.
Le scribe écrit
Sa vérité
Très loin d'ici.

Je déambule
Sous les arcades
Lumière d'or
Le préfet dort
Le musée ferme
Bistrots dehors
Vive le Panier
Ce vieux quartier.

SAINTE-MARIE-MAJEURE

C'est *La Major*
Ainsi nommée,
Ne pas faire d'ombre
À son aînée
Qui monte la garde
Un peu plus haut.

Hétéroclite, en quête de liant,
Hétéroclite, elle rassemble
Piliers romans, fleurs byzantines,
Étoiles au sol, vitraux lavande,
Du noir au blanc,
Damier céleste
Vraie mosaïque
D'un échiquier
Vers l'unité ?

Sommes-nous en Chine,
Du Yin au Yang?
Perdus les codes
Porte d'Orient
Porte seulement
Sœur du Mucem
Fille d'ailleurs
Marie-Madeleine a accosté
Nous sommes sauvés.

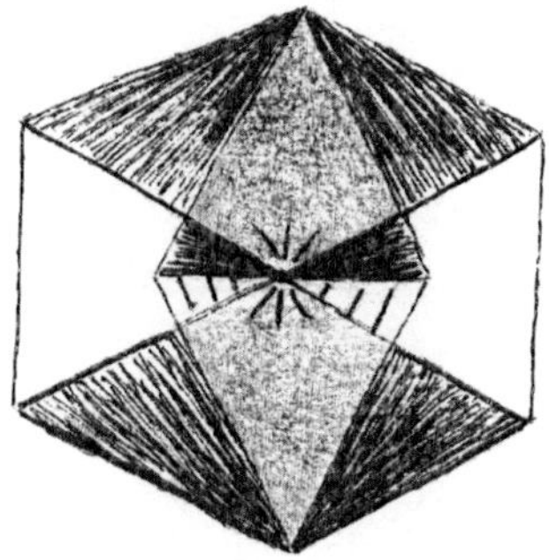

MUCEM EN MÉDITERRANÉE

Il se murmure
Il se raconte
Il nous enseigne
Celle qui le baigne
Celle qui l'entoure,
La Terre-Mère
Ou bien l'inverse.

Mer méditant
Terre accueillant
Grilles ajourées
Ciel festonné.
L'Orient nous veut
Portée de mains.

Trop de henné
Terre brûlée
Soleil de plomb
Façades sable
Crépi jauni
Linge ex-voto
Qui sèche au vent
D'une vidéo...

Bassin bouillant :
Complicité,
Tapie dans l'ombre :
Complexité,
Voile sur la tête :
Simplicité,
Toile de fond :
La bouillabaisse
Ma Bonne-Mère.

FORÊT DE TRONÇAIS

ARCUS*

Tout est beaucoup trop noir
Pour une nuit qui s'efface,
Seule une ligne blanche
Signale le danger
Interdit de penser
Oblige à se figer.

L'horizon se rapproche,
La mer en coup de vent
Est montée dans le ciel.
Puissant raz-de-marée
D'un cheval au galop
Ainsi elle déferla
Toute écume dehors
Quand l'aurore se levait
Sur la tranquillité
D'une ferme isolée
En lisière de forêt.

Je me suis repliée
Sous un morceau de toit
Devenu tête à claque
Des rafales en tous sens.

Le nuage s'est écrasé
Comme un tonneau qui verse
À l'aplomb de son arc
Aux couleurs de l'azur...

La terre écarquillée
S'est transformée en lac.

Sous le vent déchaîné
À peine réveillés
Les oiseaux se sont tus
Enclumes involontaires
De ces coups de boutoir

Et mon corps observait
Tout souffle suspendu
Ce spectacle grandiose
Offert par l'univers
Pour m'ouvrir encore plus
À ce qui me dépasse
À ce qui me transporte
Que je ne sais nommer.

* *Nom de cet ouragan étrange.*

À PROPOS D'ARCUS

Le poème était là.
Tapi, planqué
Il attendait
D'être expulsé
Un peu plus tard
D'un coup de plume
Ou d'un jet d'encre.

Et maintenant couché
Sur la feuille de papier
Il est en prise directe
Avec une simple brise,
Doucement il frissonne,
Il semble inoffensif ;
Mais soudain il tressaille,
Je me mets à frémir
Zéphyr un jour,
Typhon demain.

L'AURA DE LA FEUILLE

Sur un petit sentier
Qui s'étire en souplesse
Au milieu des hauts fûts
Des chênes de Tronçais
Une feuille guettait
Que j'ai fini de parler
À l'arbre Sentinelle
Qui garde la forêt
Depuis la nuit des temps.

À hauteur de mon nez,
Me fixant de ses yeux
Elle s'est mise à glisser
En direction du sol,
Jusque-là tout va bien.

... Et puis, s'est redressée
Tournoyant sur elle-même
Et elle est remontée
Toujours virevoltant
Repassant devant moi
Attirée par le ciel
Tractée par l'invisible.

... Et puis, elle a viré
Au-dessus de ma tête
M'obligeant à tourner
Pour suivre son ballet,
Alors elle s'est penchée
Semblant rire de tout
Pour aller se poser
Sur le haut de mon ventre
En regard du foie
Et non loin de la rate ;
Est restée un moment
Oscillant sur son axe
Vers la gauche, vers la droite
Caresse ou petit soin
Son aura est immense
À mon cœur en éveil.

... Et puis, s'est souvenue
Qu'elle était feuille morte
Et avec élégance
Dans l'élan de la danse
Elle est allée rejoindre
Le sol qui l'attendait
Pour devenir humus.

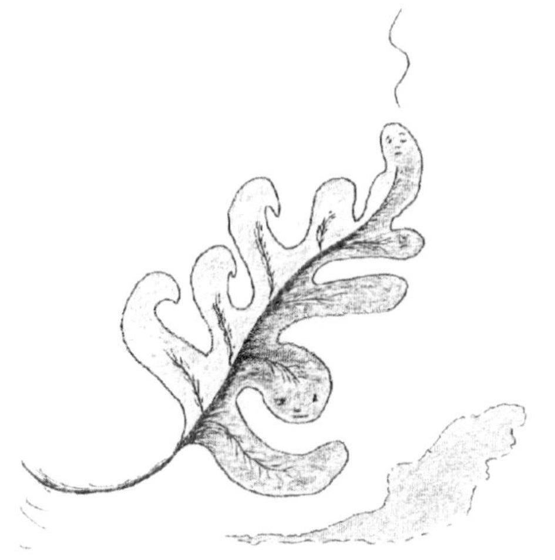

CANICULE

J'ai hiberné parfois
Ici, je canicule
Et c'est presque pareil.
Toute puissance de Celsius
Étalon de mes jours
Métronome de mes nuits
Car c'est lui qui décide
Si je sors si je rentre
Si je dors si je rêve
Dans une torpeur
Sans nom
Dans une moiteur
De plomb.

PLANÈTE MARS

Rouge-orange, bonne à croquer,
Cet été voit son triomphe,
Impossible de la rater.

À vouloir trop s'aligner
Même la lune s'est éclipsée*...

Fruit lointain inaccessible
Allumette dans la nuit
Mars nous tient sous son halo
En surchauffe, émerveillés.

**11 août 2018.*

LÉZARD

La porte est bouche bée,
Sur le sol de l'entrée
À cheval sur ses pattes
Un lézard me regarde,
Tétanisé.
Son cœur flanche et puis s'emballe
Et le mien n'en mène pas large.

Démunie et attendrie
J'aimerais lui dire un mot
L'inviter à prendre un verre
Sur le mur face au soleil…

Nos destins vont se croiser
Sans espoir de se revoir
Car il file à toute allure
Profitant de l'ouverture ;
Il ne se retourne pas
Bat la queue en guise d'excuse
Me laissant prendre racine
Sur le seuil de l'entrée.

ICI PARIS

LA BUTTE EN FORME DE POINTE

Le vent souffle en rafale,
À décrocher ma tête,
On se croirait assis
Sur la pointe du Raz.

Les toits sont dans le vague,
La pluie devient averse.

Semblables aux périscopes
Les cheminées dressées
Nous espionnent en silence
En train de les chercher
Au fin fond du brouillard.

Sous la forêt d'antennes,
Les requins veillent au grain
Et le dauphin se meurt,
C'est la révolution
Là-bas sous l'horizon...

Le tocsin frappe les cloches,
Cathédrale engloutie
Avant que de brûler
Au creux de tous ces nuages
Qui veulent jouer l'oubli
Dans la grande curée
Des quartiers mélangés.

La tour en forme de phare
N'éclaire plus personne
Et je voudrais l'abattre
Pour remettre les muses
En haut du mont Parnasse
Le vent vient de forcir,
Il est temps de rentrer
Sinon je vais couler
Et vous allez sombrer…

Sans vouloir vous brusquer
Quoique vous en pensiez,
Je vous décris Paris
En pleine après-midi
Sur la butte Montmartre.
D'une journée d'automne
Qui annonce l'hiver.

NOIRE SILHOUETTE

Dans le petit matin
du métro parisien

Elle a le code
De sa couleur
Et c'est le noir.
Cheveux lissés
Rides pincées
Lèvres serrées
Regard austère
Lunettes en berne,
Rien ne vient rire
Dans ce visage.

Plus bas non plus,
Tailleur très strict
Collant tendu
Mollet galbé
Cheville fine,
Attaché-case
Et sac à main
Même le vernis,
Tout est en noir.

Rien ne sourit
Chez cette femme
Sauf la silhouette
Tellement gracile
Qu'on la voudrait
Sortie d'un film,
Bande dessinée.

J'n'aurais pas dû
La dépasser
Me retourner...

L'aurait fallu
Rester derrière,
Juste la suivre
Et puis rêver
L'éclabousser,
Faire des taches,
La colorier
Pour l'animer
Lui donner vie,
Peindre soulage.

LA QUATORZE

Vous prenez la quatorze,
Celle sans conducteur
Vous montez à l'arrière
Dans le dernier wagon
Et vous tournez le dos
Au sens de la marche.
Vous verrez la lumière
S'estomper doucement
L'origine du monde,
La naissance, s'éloigne…

De tunnel en tunnel
Vous remontez le temps
Sur l'écran de vos ombres,
Face-à-face intrigant
Dans le miroir opaque
Des vitres de ce train.

Saint-Émilion vous saoule
Vous le laissez passer.

De station en station
Pilote de vous-même
Vous êtes à Pyramides
Sous les pattes du Sphinx
Attendant le soleil
Au bout de chaque nuit.

Au détour d'une courbe,
Sans domicile fixe,
Madeleine vous attend
Son parfum à la main.

Il vous reste à rejoindre
Là-haut vers la surface
Saint Lazare qui veille
Bandelettes à ses pieds
Dans cette gare qui vibre
En célébrant le jour.

CIEL BÉTON

Complètement bouffé,
Mité jusqu'à la garde
Le ciel a disparu
Plus vite qu'attendu.

Le béton s'est armé
Pour partir à l'assaut
Des nuages de la rue
Et il vient d'arriver
À hauteur de grue.

Le soleil s'est planqué
Horizon ? Disparu.
L'ombre s'est allongée
S'accrochant aux fenêtres
Qui cherchent leur raison d'être.

Les murs se sont dressés
Sans but ni façon.
Il nous reste à guetter
En attente de greffe,
Les fleurs sur les balcons.

Penchée sur l'armature
Du vingt-sixième étage
Sous le regard cerné
Des lanternes cassées
La lumière a pleuré
D'avoir été mouchée
Par ce chantier sauvage.

VOL DE MOUETTES

Un vol de mouettes
A fait son nid
Dans mon quartier,
Leur cri m'éveille
Frappe à l'oreille.
Je ferme un œil
Et le trottoir
Devient rivage,
Le caniveau
Caresse d'eau
Un coin de ciel
Pour océan.
Je tangue un peu
Je crois rêver
Il n'en est rien
Port de Paris.

BRUIT

À Paris
La nuit
Le bruit
Me nuit.

ÉLAGAGE SAUVAGE

Ce matin vers dix heures
La tête m'a tournée,
C'est la tension qui baisse ?
J'ai été m'allonger
Pour tomber de moins haut.

Me suis mise à rêver
De forêts et de bois…
Une hache à la main,
Une scie dans l'oreille,
Chaque branche chutait
Se séparant du tronc
Sans rien pour se tenir.

J'ai soulevé mes paupières,
Appelé les oiseaux,
Aucun n'a répondu.
Le silence avait pris
Tout l'espace occupé
Par les nids à venir…
Et les arbres éberlués
D'avoir perdu la tête
Appelaient les pompiers
Voulaient la grande échelle
Pour voir dessus le mur…

Totalement impuissante
J'ai détourné ma tête
Pour ne plus regarder
Le jardin d'à côté.

Et le vent s'est levé
Sans rien à effleurer
Sans rien à caresser
Sans rien à traverser
J'ai fermé ma fenêtre.

RAVALEMENT

Le ravalement est une affaire intime,
sinon pourquoi installerait-on un paravent entre la rue et nous ?

L'ÉCHAFAUDAGE

Tel un jeu de lego
Il monte doucement,
Un pilotis puis l'autre,
Il vacille un instant
Sous le souffle du vent
Et tout soudain il tient
Et ne nous quitte plus.
Qu'il neige ou bien qu'il vente
Il cliquette en silence.
On se croirait au port
À l'abri des embruns…
En fait on est en boîte,
Et ce, pour un moment.

RAVALEMENT

Ravalement
Temps consternant.

On n'y voit goutte,
Stagnent l'eau sale
Et la poussière
Sur chaque seuil
Et aux fenêtres.

On est cachés
Aux yeux du monde
Tout repliés
Recroquevillés

Sans même savoir
Si ça progresse
À cause des toiles
Qui masquent tout.

Tournant le dos
Sans dire un mot,
Les sous s'en vont,
Quittent le navire
En attendant
Des jours meilleurs.

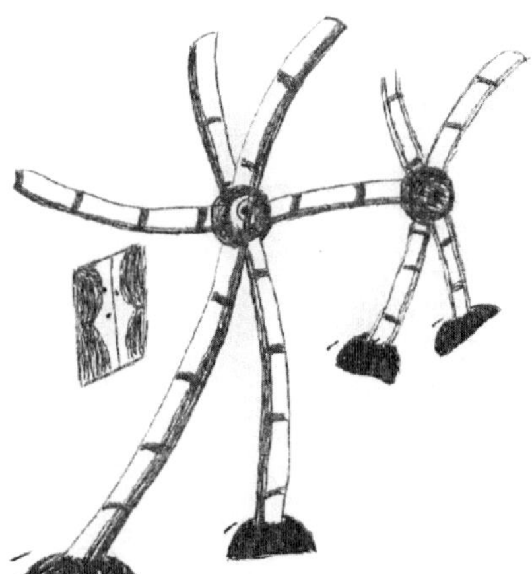

CONFINEMENT

REGARD COVID

Je marche seule…
Un regard passe,
Cherche à me fuir
Peur de Covid
Peur de tout
Peur de lui
Son cœur hésite,
Change de trottoir.

Un autre suit
Trouve le mien
Envie de lien
Glisse un sourire
Comble l'espace
Rue de l'Abreuvoir.

VIDES LES RUES

Hier,
Il est 13 heures
Personne,
Les rues sont vides
Un pied dépasse
Par la fenêtre
Prend le soleil
Et se replie
Quand il me voit.

Demain,
Il est 15 heures
Personne,
Les rues sont vides
Un bourgeon s'ouvre
Derrière la grille,
Très étonné
Que je m'arrête
Pour l'admirer.

Plus tard,
C'est 18 heures
Toujours personne
À qui parler
À qui se plaindre
À qui chanter
À qui se joindre
Pour prendre un verre,
Boire l'apéro.

Pendant ce temps,
Caissières livreurs
Agriculteurs
Et les ripeurs,
Les commerçants
Les artisans
S'activent en bas
Pour nettoyer
Et nous nourrir
Pour rassurer
Et nous faire vivre.
Masque ou pas masque
Ça vaut merci,
Un vrai câlin
Venu du cœur.

LE SOIR ENFIN

Il est 20 heures
Fenêtre ouverte
Applaudissements
Remerciements
Salutations
Larges sourires,
On se découvre
Voisins voisines,
Et ce rituel
Donne des ailes,
Chasse le virtuel.

LE BOURDON SONNE

Il est 20 heures
Le 15 avril
Deux mille vingt
Le bourdon sonne,
C'est Notre-Dame
Qui se souvient.

Depuis un an
N'a plus de toit
N'a plus de flèche
Que des gravats
Pour se coucher.

S'est rapprochée
Des sans-abris
De ceux qui errent
En quête de sens
En quête de came
En quête d'eux-mêmes
En quête d'un sou
Pour nous toucher
Si confinés.

Il est 20 heures
Le bourdon sonne
Paris se pose,
Profond silence,
Veille ses morts
Partis tous seuls
Partis sans bruit
Partis sans nous.

Que Notre-Dame
Prenne soin d'eux
Leur donne paix
Les accompagnent,
Le bourdon sonne.

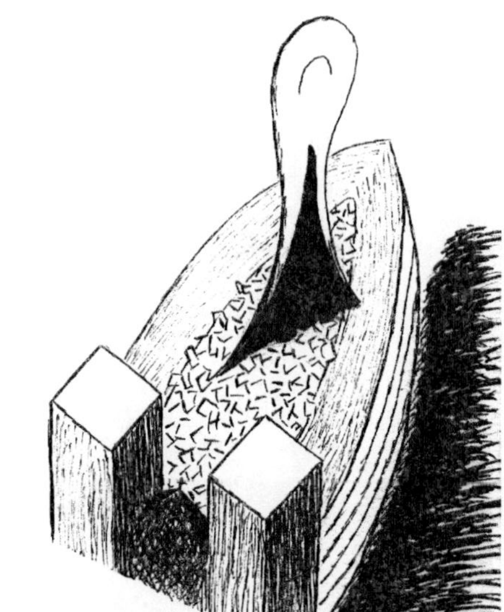

JOURNÉES SANS NUITS

Pendant ce temps,
Trop loin de nous
Pourtant si proches
Sont les soignants

Si concentrés,
Très calfeutrés
Si appliqués,
Très isolés
Lumière froide,
Jours nés sans nuits.

On parle d'eux
De ce qu'ils font
De ce qu'ils cherchent
De chaque geste.

Mais eux se taisent
Ils savent bien
L'incertitude
La vie la mort
La solitude
L'ingratitude
Et l'ignorance
Fondamentale
De l'être humain.

Que ce printemps
Couleur douceur
Panse leur cœur
Et les apaise
Car chaque instant
Nous veut vivant,
Car chaque instant
Les rend présents
Porteurs de vie,
Vecteurs d'espoir.

CIEL DE PARIS

Ciel de Paris
Jusqu'à ce jour
Est illusion,
Rêve de poète
Inaccessible,
Toujours voilé.

Trop de néon
De pollution
Même la Tour
Passe sa nuit
À le chercher
De son faisceau
Désincarné,
Phare allumé
Sans océan
Pour se mirer.

Et puis ce soir
Sans piper mot
Toutes les étoiles
Se sont groupées
Nous regardant
Les contempler
À ciel ouvert
Proches de nous,
À les toucher.

Un mètre à peine
Nous sépare,
Yeux dans les yeux
Nous scintillons
Sans aucun masque,
Émerveillés.

IMPERCEPTIBLE

Imperceptible
Partout palpable
Fleur de peau
Distance sociale,
Creuse la peur
L'intolérance.

Cocotte-minute
Prête à sauter
Pour presque rien.
L'incertitude
Du lendemain
Et la fatigue
Qui nous confine
Ravinent l'âme.

Et sur ce lit
Très tourmenté…
Changer de rythme,
Nécessité
Et s'adapter,
Réalité
Rêver un peu
Pour s'évader
Créer beaucoup
Pour s'incarner
Aimer sans cesse
Pour exister.

LE PRINTEMPS À BAGATELLE

LA TERRE TEINTÉE DE CIEL

Vois les jacinthes
En tapis de sol
Et les violettes
Intimidées
Jetant un œil
Sous les pervenches.

Myosotis
Plus réservés…

Ainsi la terre
Teintée de ciel
Appelle à l'aide,
Voudrait chanter
Voudrait danser.

Émoustillés
Les cerisiers, les azalées,
Les tulipiers, les merisiers,
Les marronniers
Et les pêchers
Sèment pétales
À toute volée
Sur tout ce bleu
Qui n'attend qu'eux
Pour soupirer
Et s'éclater.

Jonquille en coin
Collier crocus
Fleur de lotus,
Un souffle passe
Et je lévite
Sourire aux lèvres.

COULEUR PRINTEMPS

Ça commence sur fond gris
Délavé, pâlichon
Puis surgit la couleur :
Le blanc nous éclabousse,
Le rose est joie de vivre,
Le bleu dit la tendresse,
Le violet est mystère
Et le bouton est d'or…

Vous aurez reconnu
Cerisiers, merisiers
Prunus et pervenches
Jonquilles et crocus
Et les rhododendrons…

Ils arrivent tout tendres
Mal dégrossis du gel
Avant de disparaître
Évincés par le vert
Qui tient là sa revanche
Avant l'heure de l'été.

PAON DU MATIN

Tôt ce matin
Je croise un paon…
Plus fier que lui
N'existe pas.

Sur son chemin
Pigeons de Paris
Tracent leur route
En picorant
De-ci, de-là,
En l'ignorant
Superbement
Bec dans le sable,
Cul aux étoiles.

Très en colère
Il fait la roue
Agite en vain
Sa panoplie
Pour leur faire peur
Et les chasser
De son sentier…

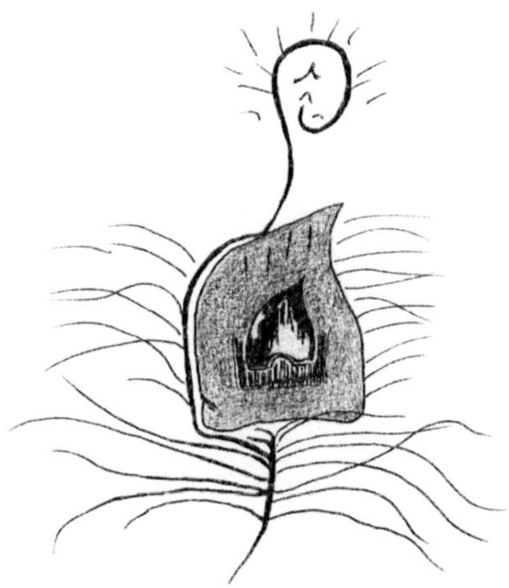

Ils font grise mine
Mais ne bougent pas :
Faut pas les prendre
Pour des couillons
Car de leurs ailes
Mal déployées
Peuvent voler
Et conchier
Sur le plumage
Désabusé
Du paon râleur,
Bien trop frimeur.

PAR MONTS ET PAR VAUX

COLIBRI

Je me suis approchée…

Dans le cœur du chou-fleur
Soudain il a pris peur,
Marche avant, marche arrière,
Moteur à plein régime,
Il a pris son envol.

Tout gorgé d'harmonie
Goutte d'eau dans l'espace
Ce n'est pas un bébé
Mais un tout petit piaf,
Un joli colibri
Qui tisse l'infini.

LE RÉFECTOIRE DES OISEAUX

J'ai traversé
Le réfectoire
D'une bande d'oiseaux.

Tous attablés
Ils grignotaient
D'une graine à l'autre,
Les ailes en fleur…

En même temps
Ils piapiataient
Salé, sucré, trop pimenté
Et ils riaient
Gorge déployée.

Puis une guêpe
S'est invitée ;
Elle a toussé
Puis virevolté
Un peu mutine,
Costume rayé
La taille en vrille.

Piafs en folie
Se sont calmés
L'ont regardée
L'ont écoutée
Miel de couler,
Jardin béni,
Il est midi.

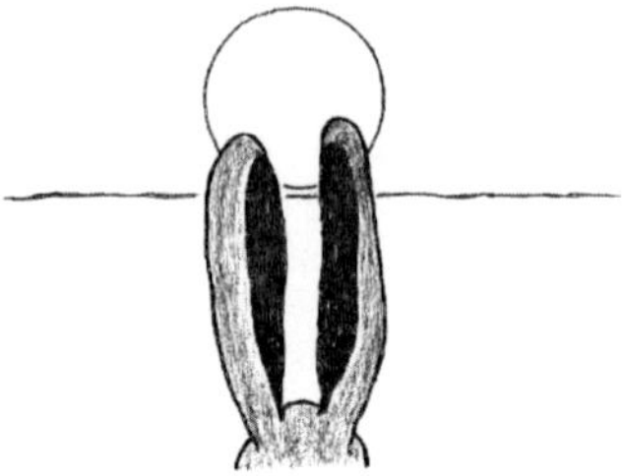

LE LIÈVRE ET LA LUNE

Ce soir,
La pleine lune,
Se lève.

Ciel de bronze,
Disque orangé
Tout feu dehors
Sur le ruban
Du bout du champ.

Surgit un lièvre,
Trois petits tours
Et puis se dresse
Oreilles droites
Face à son astre.

Présence dense
Clairvoyance
Et claire audience
Ne bouge plus,
Contemplatif,
Couleur de terre.

Il ne sait pas
Que je l'ai vu,
C'est mieux ainsi

Vivant silence,
Je me retire
Sans faire de bruit
Les laissant là
À leurs échanges.
Isis est là
La nuit descend
Et je m'efface…

LE PETIT CÈDRE

T'es planté là
Tout frémissant
Avec ta tête
De Ku Klux Klan
Bougeant les bras
Pour faire du vent.
Épouvantail
Ou sentinelle ?
Mais pour l'instant
T'es tout petit,
Tu me fais rire
Un point c'est tout.

Prendre racine
Et faire de l'ombre
À cette maison qui te regarde
De tout son haut,
C'est là ton but,
Il est lointain…

En attendant
Dépenaillé,
Les pieds coincés
Dans ce gazon
Jaune comme un coing
Tu te déhanches
En oscillant :
Devenir grand,
Ça prend du temps.

Trois ans plus tard
Le petit cèdre
Tête serpillière
Corps de balai
S'est fait la malle.
A disparu.

Coup de chaleur
Ou distraction
Il n'est plus là.

Son frère de lait
Port de rêve
Tout peint de bleu
Et très sérieux
Occupe la place
Bien décidé
À s'implanter,
Grandir pour deux,
C'est ce qu'il veut.

Croisons les doigts
Car pour l'instant
C'est la maison
Qui offre l'ombre
Quand le soleil
Tape trop fort
Sur l'horizon.

LES DEUX FACES DE L'ÊTRE

J'ai vu deux hêtres
Au petit jour,
L'un près de l'eau,
L'autre plus loin.

Quinze mètres à peine
Les séparaient ;
Sec comme trique
L'un portait branches,
Doux comme brise
L'autre était feuilles.

Se ressemblaient
Comme un seul homme
Frères jumeaux
L'un en hiver,
L'autre en été.

Celui de l'eau
Était bien mort,
Les pieds noyés,
D'avoir trop bu ;

Celui du pré,
Était bien vif
Nourrissant d'ombre
Vaches sacrées.

Sur quelle terre
Prendre racine
Sur quelle branche
Faire son nid
Est la question
À se poser
Dès le matin
Au fond d'un train.

EN MONTAGNE

TGV CRÉMAILLÈRE

Le TGV
Vient de passer
Contre l'à-pic
De la cascade…
Manque pas d'aplomb.
S'en est fallu,
De peu,
Pour que l'on soit,
Mouillé.

Il vient de quitter Lyon
Crémaillère bien en main
Et à tout petit train
Il roule dans la vallée.

Au passage à niveau
Il donne de la trompe
Il se croit au Far West,
Le seul grain de sable
Est qu'il n'y a pas d'Indiens.

Soudain un TER
Le double ventre à terre
Il sera le premier
À franchir l'arrivée
En gare de Chambéry.

HORIZON

En plaine on lève les yeux
Pour voir l'horizon
Et s'y baigner un peu.
Au fond de la vallée
On tord franchement le cou
Pour accrocher le ciel
Et s'y suspendre un peu.

BROUILLARD

Être dans les nuages
Et doucement planer
Ou être dans le brouillard
En plein dans le coltard
Ce n'est pas la même chose.
Pourtant dans la montagne
On pourrait bien confondre
Tant les deux se ressemblent
Quand la journée s'enrhume.

VERTIGE

L'avantage du brouillard
Quand on est en montagne
Est l'absence de vertige.
Quand on s'en aperçoit,
Il est déjà trop tard…

PLACE AUX JEUX DE MOTS

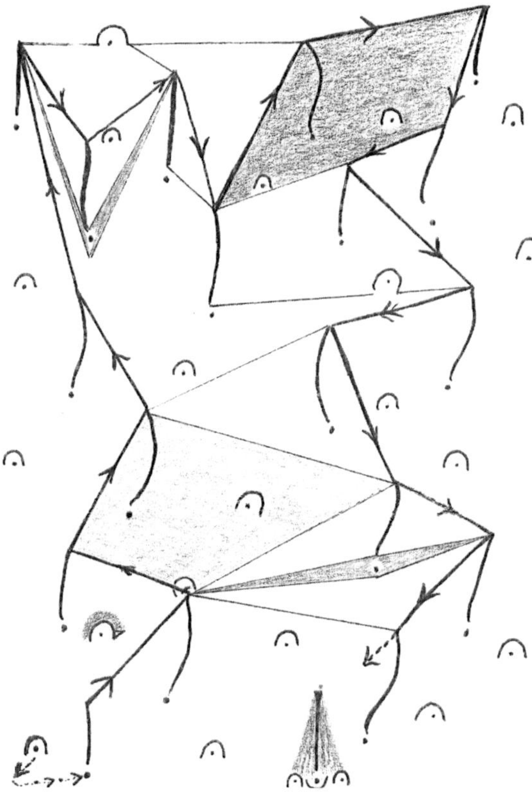

INUTILE

Mon objectif du jour
Affronter l'inutile.

Maillon de l'univers,
Élément singulier
Lui qui ne sert à rien
Comment contribue-t-il ?
Pourquoi existe-t-il ?
Ça s'avère difficile
De trouver la réponse,
Elle rime avec fragile.

Et voilà donc pourquoi
Je doute de l'inutile
Car tout devient utile
Quand on est disponible
Au service de la vie
À l'harmonie du monde
En toute gratitude,
En toute gratuité.

FUTILE

Futile !
Et si dès à présent
Tu laisses tomber l'utile,
Sans te préoccuper
D'un quelconque retour
De ce qui fut semé…
Il te reste le F
Qui se sert de l'utile
Pour devenir futile.

C'est le F du feu
Celui de l'alphabet
Qu'on enseigne à un gosse
Pour lui apprendre à lire.

Renonce à toute empreinte,
Ça n'a pas d'importance
Laisse-toi consumer
Par la félicité
De la futilité.

RENDEZ-VOUS

Pour jouer avec l'intelligence des mots

PRENEZ DONC RENDEZ-VOUS

Prenez donc rendez-vous !
C'est d'une banalité
Que seul un agenda
Regarde avec fierté.
Que voulez-vous bien prendre
Puisqu'il faudra le rendre
Le jour du rendez-vous ?

RENDEZ-VOUS ! (VERSION ON)

Les pieds vissés au sol
Ne rendez rien du tout,
Mais ouvrez grand les bras ;
Laissez tomber les armes,
Craquer la carapace,
Laissez faire la vie,
Elle veut vous recycler
Ici et maintenant ;
Laissez-vous donc surprendre
Lors de ce rendez-vous.

RENDEZ-VOUS ! (VERSION OFF)

Rendez-vous !
Il n'en est pas question,
Peu importe le lieu
Peu importe le temps,
Se rendre est un non-sens :
Je ne m'appartiens pas,
Je n'ai aucun emprunt
Ni dettes, ni crédit,
Pas l'ombre d'un conflit,
Je ne suis rien pour vous,
Pourquoi me rendre à vous ?

LE RENDEZ-VOUS MANQUÉ

Où voulez-vous que j'aille ?
Disparus les repères
Explosés les panneaux
Cabossée ma carcasse
Mes pôles sont inversés
Mes aiguilles s'affolent
Faute de rendez-vous,
Avec vous.

LE TOI ET MOI

Asseyez-vous ici
Tout au fond de la pièce,
Là où l'air se fait rare
Au creux du « toi et moi »,
Ce siège vous tend les bras.

Maintenant que c'est fait,
Campés sur nos séants
Nos épaules se frôlent
Et nos regards fuient,
Nos oreilles s'échauffent
Elles battent pavillon
Se surprennent à parler,
Mais aucun son ne sort
Les tympans restent muets
Tambours abandonnés
C'est ça l'absurdité,
De ce siège inversé.

RENDEZ-VOUS AVEC VOUS

Le rendez-vous est pris.
Qu'avez-vous à me prendre,
Je vous ai tout donné.
Que puis-je bien vous rendre,
Que vous n'ayez déjà ?
Vous prendrez bien un verre ?
Ce rendez-vous s'y prête...
Hissez le drapeau blanc
Je viendrai sans défense,
Surtout soyez à l'heure
À notre rendez-vous.

RENDEZ-VOUS AVEC SOI

Afin de faire le point
J'ai convoqué chez moi
Cerveau gauche, cerveau droit ;
En règle générale,
Ils vont droit au conflit,
Dès lors qu'ils se font face
Ou alors ils s'ignorent.

Chacun son hémisphère
Si fier de son savoir
Très éloigné du cœur...

Le lieu de la rencontre
Se trouve entre les deux
Sur un pont suspendu,
Nacelle ou balançoire,
Son nom est Corps Calleux
C'est un lieu où circule
Navette de tisserand
Une vibration profonde
En lien avec le monde.

L'I.A. OU L'INTELLIGENCE D'AILLEURS

Artificielle ou non,
Où siège l'intelligence
Se demande le ventre
Impliqué depuis peu
Dans ce combat d'école ?

Dans la tête pardi
Répondent sans y penser
Synapses et neurones
Occupés sur la toile
Sans voir le danger.

Le cœur, plein de candeur
Veut sa part du gâteau,
Il revendique aussi
Avec juste raison
Ce parti si brillant...

Minute de silence,
L'Éternel se réveille
Et du fond du trou noir
Son œil nous regarde
Observant souriant
Notre infinie connerie
Emplie de certitudes.

QUAND LE CORPS PARLE

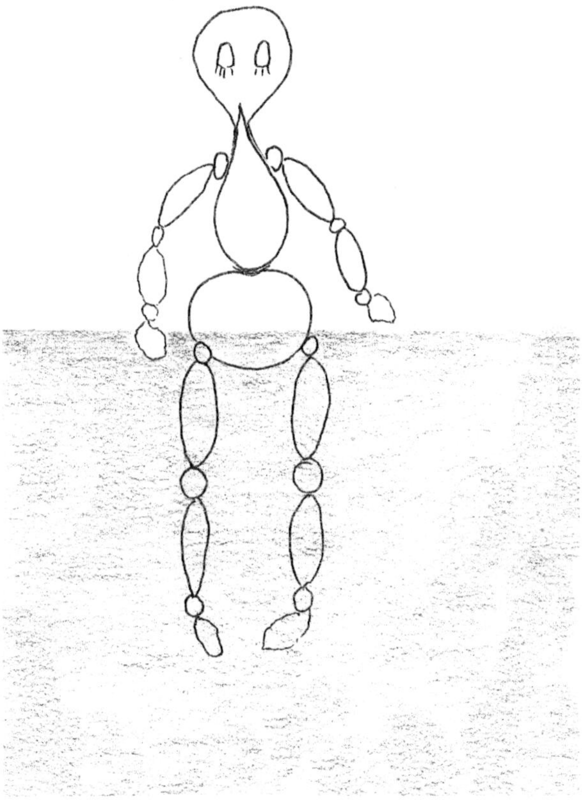

TAKO-TSUBO

Au Japon
On ne dit mot
Tako-Tsubo*.
Rien ne paraît
Ni transparaît
Pas même un signe
Une douleur
Une crispation,
Je ne sens rien.

Avec mon masque
Je fends les flots
Tout est salé
Même les larmes
Ne se voient pas.
Je manque d'air.
Seule une ligne
Sur l'imprimé
De l'ECG**
Laisse une trace
Une fracture
Un cœur brisé
Tétanisé.

* *Nom d'un syndrome cardiaque proche de l'infarctus.*
** *Électrocardiogramme.*

La terre tremble
Les mots dégueulent
Laisser vomir
Un tsunami
Raz-de-marée
Tout emporter
Faire place nette.

Redonner vie
À cette amphore
En forme de cœur.
Donner envie
De palpiter
Et pourquoi pas
De papoter.

Des pilotis
Vont émerger
Plier au vent
Sans se casser
Échafauder
Un trait d'union
Entre la mer
Et puis la terre
Où le phénix
Viendra éclore
Près des amis,
Dans la famille.

POIDS

Un poids dans la balance
Fait pencher la justice.
Un pois dans le matelas
Fait crier la princesse.
Un pois dans le cerveau
Vous classe parmi les sots
Et un poids dans l'horloge
Fait vaciller le temps.

Quant au poids sur le cœur,
Sans se soucier de l'heure,
Il réclame l'amour.

QUAND SERRE...

Serre l'angoisse
Serre l'étreinte
Serre l'étau
À t'étouffer
Que reste-t-il ?
Poser mon cœur
Contre ton cœur
Sans dire un mot
Très loin des serres
De ce cancer.

MA RÉTINE A CRAQUÉ

LE CLIN D'ŒIL DU VITRÉ

Orage sur toute la ligne
Ou centrale électrique,
Ces éclairs en tout genre
Isolés dans le soir
Plus blancs que la chaleur,
Me cernent de toute part.

Déchirure ou migraine
Dans cet œil directeur ?
Ma boussole s'affole
J'ai perdu mes balises
J'ai un peu peur du noir
Seule dans cet univers
Face à ces étincelles,
Comètes de l'obscur.

Mon vitré se décolle
C'est une certitude
Il en devient vitreux
Alourdi de ces algues
Qui dérivent en silence
Dans mon champ de vision.

Appeler les amis
Eux seuls sauront nous dire
À l'aide d'une loupe
La suite de l'histoire.

DÉCHIRURE

Déchirure,
Entrouverte,
Trou noir.

Voile fendu,
Trou béant,
Néant.

Le vitré,
Rétracté
La rétine,
Arrachée
Le clapet,
Doigt d'honneur
Fer-à-cheval,
Porte-bonheur.

Je voudrais bien comprendre
Le pourquoi de l'histoire
Car moi je suis l'ophta,
Je ne suis pas patiente.

Cadran solaire
Horloge bloquée
Pointent deux heures,
Heure de l'hiver
Ou heure d'été
C'est tout pareil.

Œil figé
Reste coi
Aux abois.

Quant à l'œil droit
Il fait silence…
Car le brouillard,
Il nage dedans
Depuis toujours.

Je voudrais bien comprendre
Le pourquoi de l'histoire
Car moi je suis l'ophta,
Je ne suis pas patiente.

Intuition ou vision
Cette béance se cherche
Intuition ou vision
Cette béance me cherche.

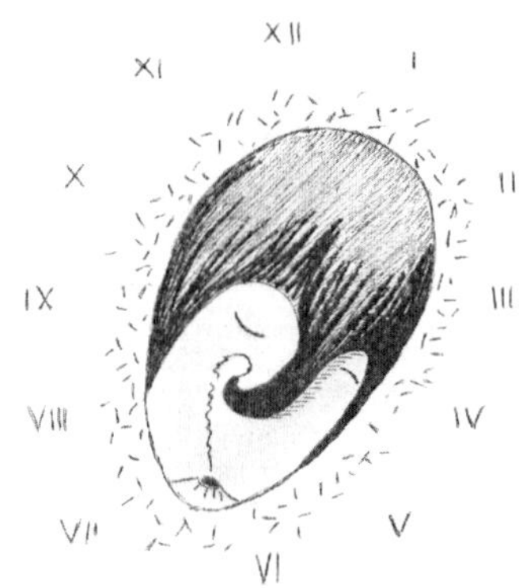

LASER

Sidéré, étourdi
Par ce cercle de feu
Mon regard est en berne
Face au phare qui tournoie
En lançant ses rayons
Sur la terre craquelée
Du lit de ma rétine
Qui résonne sans fin,
Peau de tambour blessée.

Je voudrais qu'il fasse nuit
Que la lumière se taise.
C'est une profonde erreur
Car le jour qui se lève
Sur un soleil radieux
Est bonheur pour des yeux
Qui peuvent le contempler.

PLEIN ET DÉLIÉ

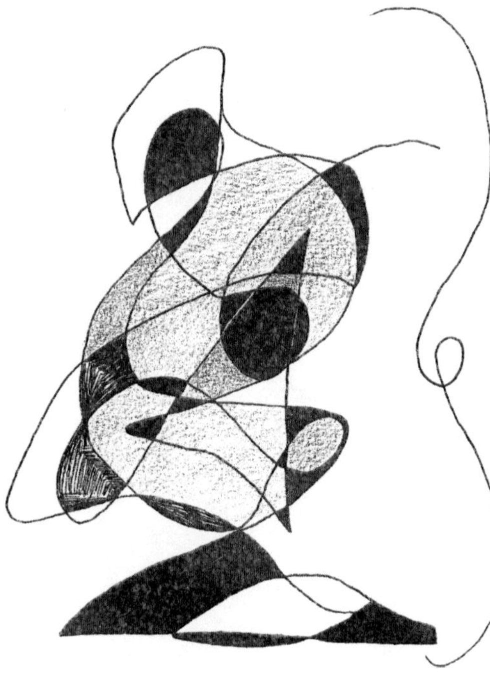

VOYAGE EN ALCOOLIE

Alcool quand tu nous tiens

QUESTION DE NIVEAU

Dès le petit matin
Le compteur à zéro…

Le remettre à niveau.

Sinon c'est l'inconfort
Le corps qui s'affole
À en trembler debout.

Un verre ou deux plus tard
Du haut de mes deux grammes
Je ne crains plus personne
Ni la vie, ni le monde.
Je me sens très normal
Personne n'y voit goutte
Et je me sens moins seul
À cheval sur mon seuil.

Plus loin dans la journée
Je me mets à téter
Du rouge ou bien du blanc
Planqué dans le tiroir
Peu importe la couleur
Le tout est de tenir.
Pas besoin de manger
Mes yeux sont tout brouillés
L'alcool comble la faim
Mais réclame son dû,
Augmenter le débit
Et monter les degrés.

Autour de moi l'on doute
De ma sobriété.

Et quand vient la soirée
Vais pouvoir picoler,
Le jour s'en est allé
Le danger effacé.
Ne reste que la nuit
Qui rime avec whisky
Quand l'angoisse tapie
Au gré d'une insomnie
Surgit au coin du lit.
Les pieds dans le tapis
Je vacille en silence
Sans jamais m'effondrer,
Car ils pourraient me voir
Et enfin tout savoir.

Plutôt que ne plus boire,
Il vaut mieux m'ignorer.

SIFFLER UN P'TIT BALLON

Siffler un p'tit ballon
Ça permet de rêver
Planer dessus le bar,
Plonger sous le comptoir
À l'abri des regards
Très loin du quotidien,
Avec le même refrain...
Et quand un beau matin
La dépression survient :
Un autre s'il vous plaît,
Remettez ça vite fait
Sinon je vais sombrer
Le nez dans le saké.
Ainsi court la rengaine
Ainsi passent les semaines.

ALCOOLIQUES SANS NOMS

Alcooliques balbutiants
Alcooliques hésitants
Alcooliques tâtonnants,
On ne peut les rejoindre
Alors ils se retrouvent
Pour entonner un hymne
Se donner cœur au ventre
Pour sortir de l'impasse.

SENS DE L'ÉQUILIBRE

Tenir son équilibre,
Tête en battant de cloche
C'est swinguer en zigzag
D'un lampadaire à l'autre
Histoire d'y voir clair
Au milieu des ténèbres
Que font surgir la nuit,
La peur et tout le reste.

PICCOLO

Dans piccolo
C'est rigolo
On entend l'eau
Sauf qu'ici
On boit du vin
Et son chagrin.

TOMBER À TERRE

Du haut du tabouret
Je suis tombé à terre
Complètement beurré.

Coupette dans la main,
Glace pilée pour plancher,
Je voudrais oublier
Cette culpabilité
Et pouvoir écluser
Et pouvoir me lever
Pour danser la bourrée.

UN DEMI

Un demi ça rassure,
Deux demis c'est plus sûr,
Trois demis ça me gonfle,
Donnez-moi donc une pinte.

CUL DE BOUTEILLE

Courir la route du rhum
Un fût pour tout radeau
Surfer sur cul de bouteille
Et plonger dans le trou,
Poisson-clown essoré,
D'un océan sans fond
Tire-bouchon pour seule ancre.

ALCOOL MONDAIN

Quand l'alcool est mondain
Il paraît plus lointain,
En vain.

VAPEURS

Quarante degrés plein pot.
Tête en cocotte-minute,
Des vaches complètement noires
Semblent vibrer dans l'air,
Flamands roses illusoires
Derrière la fenêtre
D'un verre dépoli.

Quant à l'éléphant blanc
Il est devenu gris
Dans un excès de gnôle.
Plus loin bison futé,
Un brin d'herbe dans le nez
A pris un air buté
À force de siroter
Son flacon de vodka.
Dès lors lama cracheur
Entonne à toutes vapeurs :
« Je suis torché eh
Complètement torché eh
Ça me fait enrager
D'avoir trop picolé eh eh eh
Je suis torché
Je suis tor
Ché...eh
Complèt....
Tement
Torché
É... »*

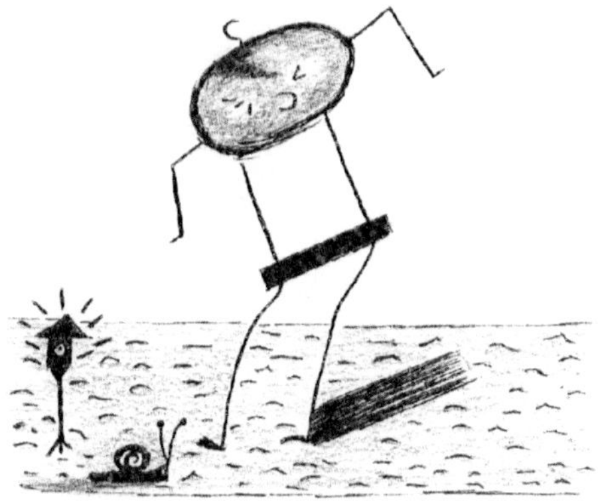

**Sur l'air de Serge Lama*
« Je suis malade » ;
on peut bisser à volonté.

BOURRÉ

Je suis bourré
De préjugés
Je suis cerné
De tous côtés.

Pour dessoûler
Vais inspirer,
Pour expirer
Je vais siffler
Vosne Romanée…

Je suis bourré
De bonnes idées…
Je suis cerné
De tous côtés.

RAS-LE-BOL

Ras-le-bol
De l'alcool
Qui isole
Et désole
Lui qui boit,
Elle qui voit.

SOLITUDE DU BUVEUR DE FOND

Parti tranquille,
A levé le coude
Comme s'il voulait
Nous dire adieu.

L'heure était Grave.

A traversé l'Ausone
À dos de Cheval Blanc
L'Évangile pour guide
L'Espérance pour témoin.

Au son de l'Angélus
Petrus l'a accueilli
À Château Paradis
Lieu-dit le Saint-Amour,
Je ne l'ai plus revu...

Avec le Pape Clément
Chez Romanée-Conti
J'ai bu un Chasse-Spleen,
Le seul qui est resté.

DÉLIÉ

PASSÉ BRÛLÉ

J'ai écrit,
Et j'ai brûlé
Ce qui était
Écrit.

Les mots qui étaient sombres
Sont devenus très noirs
Torsadés, calcinés
Ils partirent en fumée
En volutes épaisses.
C'est gras papier en feu,
Bien lourd du contenu,
Encré dans le passé,
J'en ai perçu l'odeur.

Puis j'ai lavé le bol
Qui faisait réceptacle ;
Il est devenu coupe
Pour accueillir sans fin
Le renouveau qui vient…
Demain, je prends le large.

OMBRE-LUMIÈRE

C'est une histoire d'ombre
Toute cerclée de feu,
Silhouette à contre-jour
D'une épaisseur de cendre.

Éclairée par derrière
Sur l'écran de la vie,
Elle s'est faite chinoise
Et crache encore du feu,
Vrai dragon de la nuit.

Comment l'apprivoiser
Sans être dévorée ?
Comment la transformer
Sans être brûlée vive ?
Comment la traverser
Sans y perdre des plumes ?

Peut-être déverser
Sur cette ombre assoiffée
Un peu d'eau de ce puits
Qui ne tarit jamais...

Lancée du fond des temps
Une flèche de glace
L'explose en mille morceaux,
Puzzle écartelé
Répandu sur le sol,
Blessure pour les pas,
Compost pour le futur...
La lumière devient chaude,
Condensé de douceur
Qui donne corps à la vie
Du condor en puissance
Dont les ailes frémissent
Quand l'infini le nomme.
Il s'appelle Phénix
C'est mon ombre-lumière
Qui renaît de ses cendres.

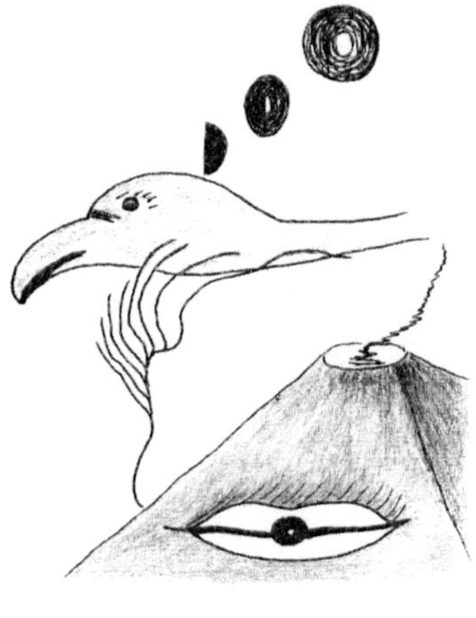

GRATITUDE

La vie est belle
Pour ce qu'elle est,
Pour ce qu'elle offre
Sans s'agiter,
Se justifier
Dans une kyrielle
D'activités.

Car s'excuser de vivre,
D'avoir pu oser naître
Est injure profonde
À l'esprit créateur
Qui,
De toujours à toujours
Des confins de la terre
A semé notre graine
Dans un geste d'amour
Sans attendre de nous
L'esquisse d'une réponse
Autre que la louange,
La gratitude aussi,
C'est là qu'est notre dette.

PARLEZ-NOUS DE LUMIÈRE

Parlez-nous de lumière...
La réponse est limpide :
Soit on s'appelle Einstein,
Ça peut aller très vite,
Soit on s'appelle Vador
Et ça devient très sombre...
Si l'on se nomme Lumière
On file au cinéma.

Quelle que soit la figure
Quelque chose m'échappe
De cette onde de vie
Dont je veux diffuser,
La source.

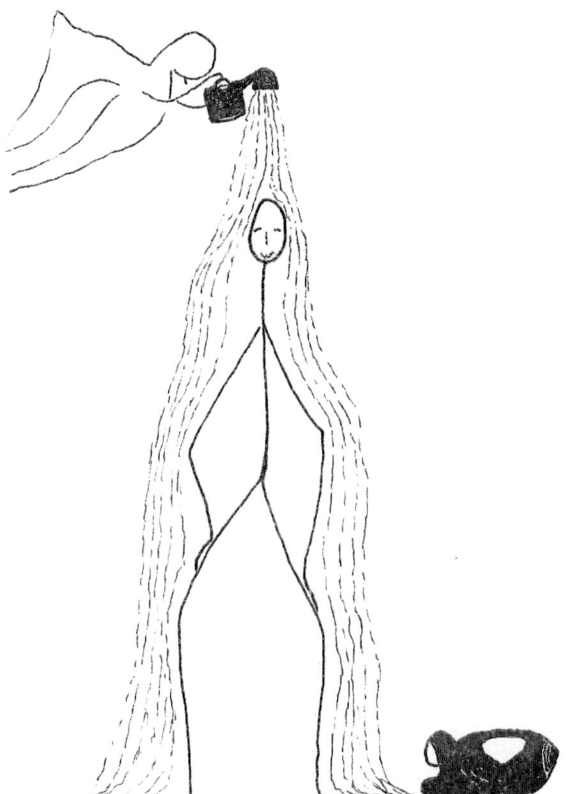

THÉÂTRE DE LA VIE

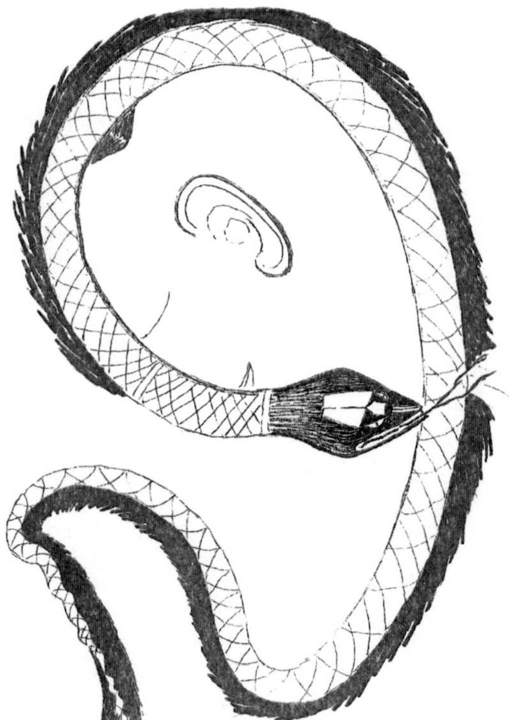

*OUBLIER... JAMAIS**

AU FRONT

RAVIN COUPE-GORGE

Dans le ravin coupe-gorge
Se retrouver plombé
Tout au fond de la combe
Comme un faisan d'élevage
Crée l'effroi,
Car il faut,
Remonter,
Pour pouvoir,
Se sauver.

Brisé,
Broyé,
Crever.

On voudrait
Se cacher
Tout en bas
De la fosse,
Racine dénudée
En guise d'oreiller.

Piégé,
Saigné,
Crever.

Les oiseaux déserteurs
Nous ont laissé tomber
Emportant tout espoir
D'un monde pacifié.
Ainsi parle la guerre.

* *Poèmes écrits à l'occasion*
du centenaire de la Guerre de 14-18.

LE 75*

Pousser le 75
À flanc d'une montagne
Ça fusille le dos…

LE BLEUET**

Il a l'âge de danser
Et non de se faire tuer.
Il est fait pour aimer
Et on le fait tirer.
Que ce soit en montagne
Ou bien dans la mêlée
Piou-piou** voudrait rêver
Plutôt que de morfler.

* *Nom d'un canon devenu mythique.*
** *En référence ici aux jeunes recrues.*

* *Tableau de Thérèse Bisch, exposé depuis le 11 novembre 2018 à la mairie du 9e, Paris (page en regard).*

CENT ANS PLUS TARD

SUR LA TOILE*

On voudrait faire
De cette guerre
Une tuerie
D'il y a cent ans.

Le centenaire
Dura quatre ans…

Sous les faisceaux
De tes pinceaux
Elle se décline
En cet instant
Réveille en nous
Angoisses et peurs
Haine et tristesse
Silence du vide
Noirceur partout
Bleu de poilu
Ocre du feu…
Et c'est très beau.

Reste pour s'aimer
De la fumée
Charbon de craie
Rai de lumière
Silence de plomb
C'est la dernière,
La der des ders,
Les pieds devant,
Plus jamais ça.

Et face à nous
De blanc vêtue
La paix se dresse
Figure de proue.

AUJOURD'HUI

PAIX ET GUERRE

Tout invite à la paix
Quand on regarde le ciel
Un arbre ou un enfant...
Alors, pourquoi la guerre
Sinon pour satisfaire
L'appétit de puissance
De ceux qui voudraient bien
Se partager le monde
En un huis clos serein,
Sans même se rendre compte
Qu'il s'agit d'une prison,
Sans même s'apercevoir
Que le cosmos est grand
Et qu'ils n'ont pas la clé.

L'ART ET LA PAIX

Comment dire la paix
Quand tout pousse à la haine ?

Serait-elle art de vivre ?

Mais l'art se fait miroir
Reflétant la violence
L'amertume et le sang.
En perte de lumière
Le noir est orphelin
Transformé en linceul.

Alors creuser plus loin,
Au vif du quotidien
Aller chercher l'essence.

Comment trouver la source
Sur ce chemin d'embûches,
Que faut-il donc ouvrir
Pour changer de regard ?

De ferraille et d'acier
La haine n'est qu'un outil
Qui a pris les commandes.
Son cap est la terreur
Son moteur est la peur
Pour servir un ego
En perte de repères
À vouloir tout détruire
Pour créer le chaos.

Comment tendre la main
La poser sur son cœur
Laisser vibrer la terre
Guetter ce qu'elle nous dit.

Prier, prier sans cesse
Dans le silence de l'âme
Dans le bruit de la foule,
Implorer la beauté
Interpeller la joie
Quémander la douceur
Gratter derrière le masque
Laisser tomber la croûte
Refuser le brouillard
Vouloir la clarté
D'un être pacifié
Dans lequel noir et blanc
Sont tango de l'amour.

QUELQUES SAYNÈTES

L'ARTISTE EST PRÉSENT*

La présence est chose grave,
Contact avec l'essence
Vaporeuse comme l'air
Plus dense que le souffle
Rayon d'or du prana
Quand la fusion se fait.

Elle est ténue et pleine
On voudrait la saisir,
Elle devient impalpable.
Inutile de sourire
Ça se passe au-delà.

Rendez-vous
Tous les jours
À heure fixe
Avec elle.

L'artiste se fait présent
Immobile cadeau.

Le visage est figé
Un sourcil fait de l'ombre
Un cerne pour témoin
Parfois même ils sont deux,
Ils voudraient m'engloutir
Quand le regard m'attend...

**En référence à la performance de Marina Abramović au musée d'Art Moderne de New York, mai 2010.*

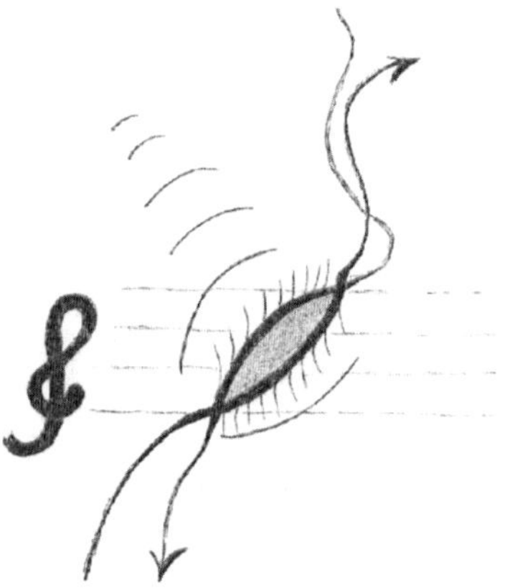

Cette immobilité
Se teinte de tristesse
Voudrait m'accaparer
Et envahir mon cœur
Elle voudrait faire écran
À tout élan de l'âme,
Vrai combat de l'ego.

S'agit d'aller plus loin,
Accepter de rester
Pour pouvoir accueillir
Cette pulsation du cœur
Fragile d'être à l'air libre
Heureuse d'être en contact.

Laisser cette vibration
Reconnaître la vôtre
Et les laisser danser
Quand elles sont en présence.

Le temps s'est dilaté
L'espace est infini
Le visage se transforme
Et il devient multiple,
Trace de vies antérieures
Promesse de vies futures.

Ici, rien à comprendre
Simplement célébrer
La présence de l'artiste
Et se laisser porter
...

*IMPOSTURE**

DE L'IMPOSTURE À L'ANÉANTISSEMENT

Le spectacle a pris fin
Je veux rester dedans,
Force de l'attraction
Et je veux en sortir,
Force de répulsion
Ou peur d'y rester ?

Il me faut en urgence
Convoquer chaque note
Garder le vibrato
Me fondre dans sa voix
Pour retrouver la paix
Ou espérer la joie
En occultant le texte ?

C'est mission impossible,
L'abîme est trop profond
Sombre comme un piano
Qui nous renvoie l'écho
D'un monde désaxé.

L'écran est distraction,
C'est celui de la vie
Qui masque l'essentiel
À la fois sens et ciel,
Qui renvoie au silence
De la fin bien nommée,
Anéantissement.

Mon souffle se fait très lourd
Très lent et très pesant,
Il prend le temps de dire,
Respire, sans t'arrêter
Et il me faut l'entendre,
Tout en dressant l'oreille
Au son du métronome
De cristal ou de bronze
Posé sur le piano.
Faut-il croire au chaos
Ou au feu d'artifice ?
Faut-il guetter l'étoile
Au cœur de la nuit noire ?

* *Spectacle de Laurence de Sève,*
30 octobre 2016.

ANÉANTISSEMENT

Quand le néant est là,
La gravité précède,
La pesanteur le suit.
On écarte les bras,
On s'appuie sur le ciel
Pour ne pas s'écraser,
Garder de la hauteur
Et pouvoir atterrir
Sur le faîte d'un arbre
Dont les racines en terre
Relèvent tous les défis.

LE POT D'APRÈS

Boire un coup
En sortant
D'une claque
M'aurait fait avaler
Digérer diluer
Oublier ce spectacle.
Je ne le voulais pas.

Je voulais me noyer
Et perdre mon oxygène
En touchant le grand fond
Là où le calme expire
Sans espoir de retour.

RENTRER

Rentrer à la maison
Pour se retrouver où ?
Je suis uppercutée…

Le Samu est passé
Sur le périphérique,
S'est trompé de niveau,
J'étais juste en dessous
Taguée sur le pilier,
Un œil et quelques muscles.

J'ai souri à un chien
Qui ne me voyait pas
La vie reprend son cours
Je rejoins le métro.

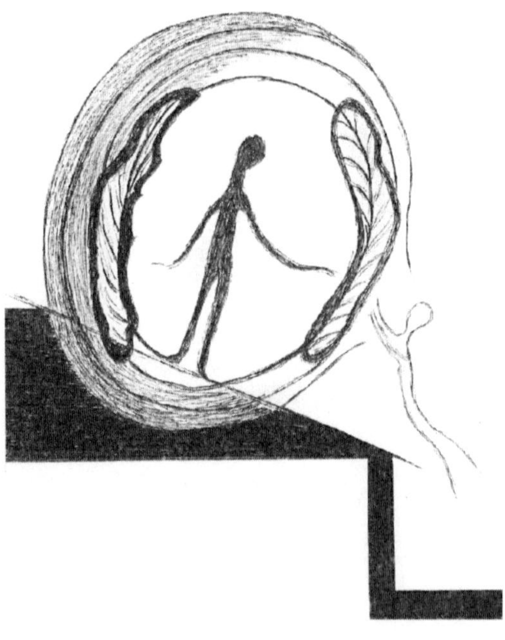

LE MOT DE LA FIN

Vibrez bols et bronze
Vos volutes en spirales
Nous entraînent très loin,
De ce monde incertain.

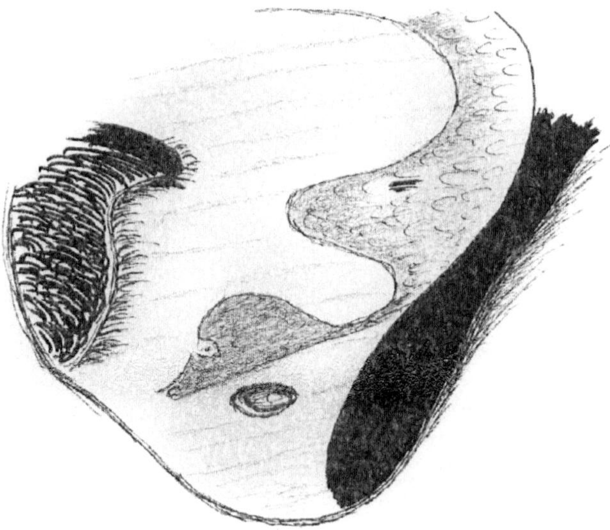

*LES MASQUES**

LE MASQUE ET MOI

Un masque m'a croisée
Un soir de vernissage ;
Ne l'ai pas reconnu,
Pourtant il me scrutait
Figé dans son silence…

J'ai cherché son regard,
J'y ai trouvé le mien
J'ai eu peur du miroir
Et j'ai fermé les yeux.
Sa pupille si noire
Est un gouffre sans fond…
On s'approche de lui
On ne discerne rien
On a froid dans le dos
Alors, on tourne autour
En quête de réponse
Et on trouve le creux
D'un écrin de papier.

Il n'est que carton-pâte
Coquille sans écho
Et pourtant il me touche.

Je l'ai vu me sourire,
Il a un air d'énigme
Que je ne puis résoudre,
Je dois chercher ailleurs.

Il est impressionnant,
Il pourrait bien faire peur
Et pourtant je le sens,
Son esprit me poursuit…

**Exposition de Pierre Brémond, Paris, juin 2015.*

Qu'a-t-il donc à me dire
Qui m'obsède à ce point ?
Fatiguée je m'assieds
Me frotte un peu les yeux.
Sous mes doigts intrigués
Ma peau se met à nu
Et la mer se retire,
Ainsi tombe le masque.

La pièce s'est vidée,
Les invités partis
Je reste avec les masques…
Je les vois s'animer
Dans une ronde endiablée.
Ils ont perdu la face
Posé l'écran total.

Ainsi démaquillés
Les commentaires fusent
Sur chaque visiteur
Et soudain je comprends
Qu'ils me parlent de moi
Aux multiples visages
Que je prends sans vergogne
Pour me cacher des autres.

C'est la galerie des Glaces
Lulli est de la fête.
Je me mets à valser,
Le cœur à découvert,
Émerveillé de voir
Qu'il peut fondre d'amour
Sous le regard velours
D'un loup fait de satin
Dont l'ourlet est en soie.

BAL MASQUÉ

Derrière mon masque
Je joue, je danse
Et pleure un peu
Nez dans l'carton
Papier mâché.

Mes vis-à-vis
Veulent se mirer
Dans cet écran
Un peu étrange.

L'un après l'autre
Ils clignent de l'œil
Reniflent un peu
Se prennent au jeu.

C'est le ballet
Des mal-masqués.

Un rire fuse,
Vient me heurter
Me bousculer
Et mon carton
Qui se fissure

Plus de papier
Pour me cacher
Prunelle à nu
Sourire à vif
Reste le vrai.

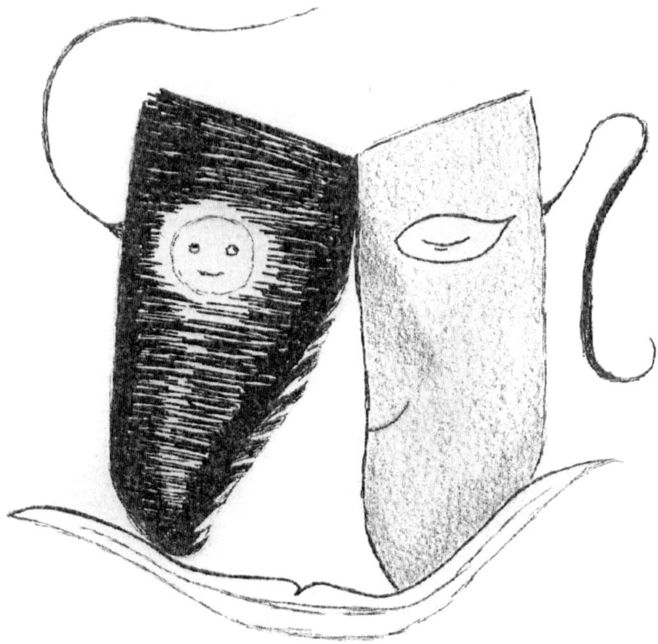

APPEL MASQUÉ

Il a sonné,
J'ai décroché,
Pause et silence…
…
Indifférence
Pire que l'absence,
Un répondeur
Cherche à me joindre...
…
Monde à l'envers,
J'ai raccroché
Exaspérée.
Appel masqué,
Appel manqué.

PAS LE TEMPS

Le temps
Est intouchable
Et pourtant
On le perd.

Le temps
Est impalpable
Et pourtant
On le gagne.

Je veux prendre mon temps
Et rester dans l'instant.

La mort est hors du temps
La vie aussi, d'ailleurs.

L'ÉCHELLE DES ÂGES

Je me demande comment
De si petits enfants,
Sont si envahissants.

À vouloir être grands
Ils prennent toute la place,
Occupent l'espace sonore
Et l'adulte se tait
En manque de silence,
Et les parents se planquent
Sidérés, ils contemplent.

Et pendant tout ce temps
Les grands-parents se tassent
Redescendant la toise
Accrochée sur le mur
Rapetissant menus,
Sans tambour ni trompette.

Et c'est sur cette échelle
Que la rencontre a lieu,
Embouteillage oblige.

On le prend dans ses bras
On le serre sur son cœur
De peur qu'il ne s'écrase
En hachis parmentier…

C'est l'heure de déjeuner,
Crie le petit dernier
C'est trop bon, la purée,
Susurre le verbe aimer
En tenant bien l'échelle
Qui sert d'arc-en-ciel.

LA BOÎTE AUX LETTRES

La boîte aux lettres est vide…
Son pas se fait plus lourd
Et le gravier résonne…
Il s'agit de rentrer,
La maison s'est fermée
Le silence est trop lourd
Une ombre est descendue
Sur ce matin d'été.

Un son frappe l'oreille,
Est-ce un colis postal ?
Ou un zombie qui passe ?

Rien de tout ça,
Bien plus léger :
Le téléphone
A déposé
Petit texto
Sur la commode
De l'entrée,
Carte postale
Des temps modernes,
Discret clin d'œil
Du Nouveau Monde.

Le jour s'anime.
Elle peut aller
Rassérénée,
Dans sa cuisine
Pour fêter ça.

MAISON D'ACCUEIL

Ce matin je pénètre
D'un bon pied, d'un bon œil
Dans une maison d'accueil,
C'est son nom comme ils disent…

J'appelle l'ascenseur
Et j'entends une voix
Lointaine mais point trop :
Fermeture des portes,
Fermeture des portes !
Quelques minutes plus tard
Toujours pas d'ascenseur
Et parlant comme en boucle
Fermeture des portes,
Fermeture des portes !
Ce cri descend le mur
C'est le plafond qui parle.

J'ai fermé mes oreilles
Pris mes jambes à mon cou
Sous l'œil goguenard
De l'escalier de secours
Serait-ce une maison close ?

Suis partie en courant
De cette maison d'accueil…

QUESTION DE SIÈGE

À Londres
Dans les cinés,
Ya les premières
Qu'on dit balaises...
Puis les secondes,
Qu'on dit standard...

Quel intérêt ?
Car dans la salle
Sauf la toile, qui te regarde
Ya pas d'entracte
Pour être vu.
Quant au Saint-Siège,
Il est à Rome.

LA SAINTE-TRINITÉ

Mais où va-t-on aller
Passer notre belle fête
De la Sainte-Trinité ?
Dit Dieu notre cher père
À la fin du dîner
Sachant bien que Marie
Gardera la maison
Pendant cette excursion.

Et tous de hocher
Très doctement la tête
Mais où va-t-on aller
Pour la Sainte-Trinité ?

Pourquoi pas Israël
Suggère consciencieux
Un ange nostalgique,
Ça ferait des souvenirs,

De l'or et de l'encens
Un peu de myrrhe aussi...
Alors Jésus le coupe :
Il n'en est pas question
J'y ai bien trop donné
Je n'y retourne pas.

Mais où va-t-on aller
Pour la Sainte-Trinité ?

Et dans le Pacifique
Lance un ange tout bronzé,
Une île paradisiaque
Ferait très bien l'affaire.
Dieu hausse alors le ton,
Le paradis j'y suis
Pendant toute l'année,
Trouve-nous autre chose
Tout en restant classique.

Mais où va-t-on aller
Pour la Sainte-Trinité ?

J'ai peut-être une idée
Suggère un petit ange
Un peu intimidé
De s'entendre parler.
Je vous propose Rome,
Les glaces y sont exquises
Et le café serré.
Il y a des catacombes
Beaucoup de beaux couvents
Et même le Vatican.

Alors l'Esprit se lève
L'air vraiment très soucieux
Mais, où est donc ce Rome ?...
Avant d'aller s'coucher.

POSE TON ANCRE AILLEURS

CO CRÉATION

Comment créer
Et créer quoi ?
Créer tout seul,
Créer à deux ?
Co création
Est-ce possible ?

Je prends une feuille
Je tire un trait,
Un point, un rond,
Comme je le peux ;
Je passe la main
À mon voisin
Qui prend l'crayon
Trace une ligne,
Une flèche, un arc,
Chacun son rythme,
Comme il le veut.

Il lève la tête
Et me sourit,
Passe le crayon
À son copain
Qui prend la suite
Dessine un cercle,
Feu ou torrent
Comme il le sent
C'est un pur-sang.

Il rue un peu
Regarde autour
Et botte en touche,
Tend le crayon
À un passant,
Un inconnu
Qui fait un trou
Pile dans la feuille
Comme ça lui vient.

J'attrape un lien
Le passe dans l'trou
Et le prochain
Y serre un nœud
Vrai sauve-qui-peut,
Puis le suivant
Assure le nœud
Que le passant,
En souriant,
Tend doucement
À une branche
Comme ça lui chante.

Et sur la feuille,
En vol-au-vent,
Il est écrit
D'un cœur à l'autre
Mais en verlan.

PETIT PRINCE

Le petit prince
Se fait renard,
Se fait serpent,
Il a sa rose,
Le paravent
Et puis sa chaise
Qui est légère
Histoire de voir
Tous les soleils…

Sa tignasse de sable
Lui sert de litière
Son cœur en bandoulière
L'entraîne dans son rythme.

Qui donc ce peut-il être ?...
La réponse est en vous.

CRAYON

Taillez donc un crayon,
Vous en faites une flèche
Mouillez-le de curare,
C'est une machine à tuer.
Si vous parlez latin
Curarer, c'est soigner…

Comment toucher la cible
Sans pourtant la blesser ?
C'est la question du jour
Que pose l'homme de plume
Face à la page blanche.

AUTOPORTRAIT

Étrange, elle me regarde
Elle est venue d'ailleurs
D'un infini lointain,
Sa présence me dérange
Son regard me fascine.

Elle me parle de moi
J'aimerais la comprendre
Son message est crypté.

Sa bouche voudrait sourire
C'est son cœur qui s'en charge,
Il a trouvé sa place
Sur l'aile d'un albatros
Qui plane sous son nez
Avant de se poser
Porté par une vague
Sur le rivage terre
D'une lèvre en attente.

CANALISER

Canaliser
Sans enfermer
C'est contenir
Sans contrôler.

Qui donc es-tu
Pour vouloir mettre
L'immensité
Entre deux rails ?

Si le torrent
L'a décidé
Raz de marée
Fertilité.

Laisse libre cours
À cet élan
Ne cherche pas
À retenir.

Laisse-toi être
Et diffuser,
Cette vibration
Qui te dépasse.

LE DRAGON

Le chaos sous les pieds
Son temps est terminé.
Histoire et préhistoire
Croyance et certitude,
Il lui faut tout laisser,
Prendre appui sur le feu
Qui l'habite et le meut,
Céder à la pulsion,
Se faire ondulation
Gagner claire voyance :
La lumière est son ciel
Tout le reste est cailloux…

Que grimpent sur son dos
Tous ceux qui veulent voler,
Il est léger comme l'air
Car il s'est accordé
Au rythme de ce souffle
D'un univers pulsé
Aux confins de l'ailleurs.

DANS LA PEAU DE PÉGASE

Tes yeux sont grands ouverts
Sur l'infinie douceur,
Tu veux m'apprivoiser.

Les pattes en escalier
Allongée sur le dos
Je me suis ébrouée,
Narines frémissantes
Tout doux tu m'as touchée.

Dans un éclat de rire
Dans un grand cri primal
Nous avons fait des bulles
Soufflant dans l'eau dormante
Et brouté l'herbe tendre
De notre terre-mère
Les oreilles en alerte
Pour guetter l'inconnu.

Les petits à nos flancs
Goûtaient de ta présence
Et je ne craignais rien
Car je savais voler.

Mon bassin est puissant
On peut me regarder,
Source de toute vie
Il est ma force vive.

Ma peau est contenante
Plus souple que tambour,
Rien ne peut l'entamer.

Des étoiles plein les yeux
En sortant de la tente
Je t'ai cherché au pré
Humant les fleurs bleues
De mon rêve éveillé.

Tache blanche dans l'espace,
En toute liberté
Tu t'étais envolé
Plus vif que l'éclair
Sur un coup de tonnerre
Me laissant une trace
En guise de baiser.

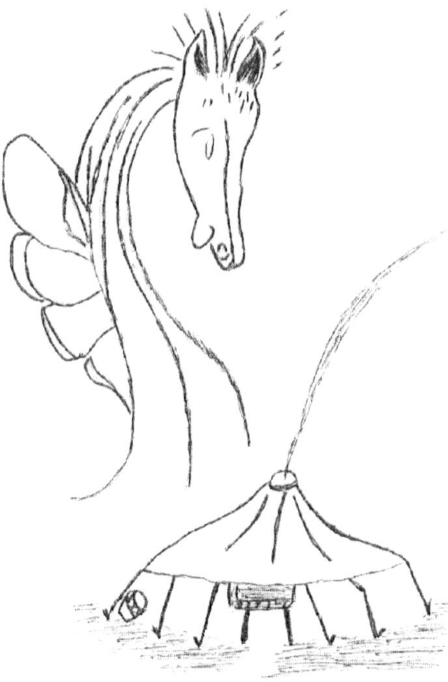

CHEVAL BLANC

Dressé, cabré, figé
Le dos en arc de cercle
À grands coups de ruades
Il vient de libérer
Cette croûte de terre
Cette gangue d'ancêtres
Qui l'empêchaient de vivre…

Comète il fuit la nuit ;
De sa robe très blanche
Rejoint la voie lactée…
Son galop effréné
N'a pourtant aucun but,
Peu importe le sillage
Qu'il laisse sur le rivage.

Ses oreilles affûtées
Écoutent parler le vent,
Ses naseaux tout fumants
S'ébrouent en liberté
Pétaradant sans fin
Sans se soucier des songes
Des regards endormis
Des gisants assoupis.

Ses sabots emballés
Font exploser le sable
Et gicler la rosée
Inondant de soleil
Ce tout petit matin
Qui découvre l'éveil.

HORS FRONTIÈRES

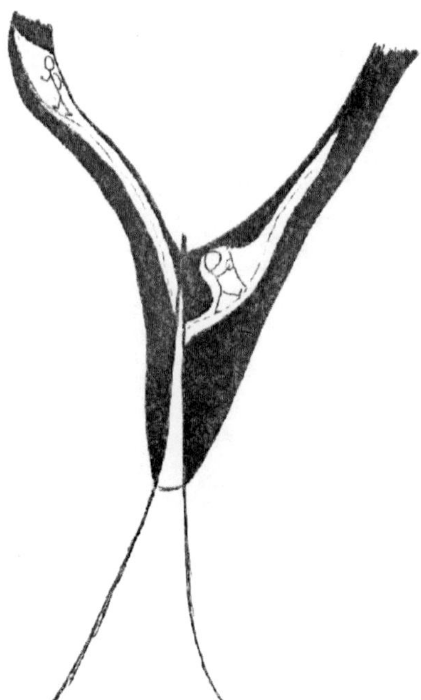

FLORENCE PARADOXE

PONT SUR L'ARNO

À cheval sur le faîte
D'une maison colorée,
Une grue bien cendrée
Se mire dans l'eau du fleuve
Ses griffes en guise de peigne,
Elle veut se faire belle.

Quant aux ombres chinoises
Découpées dans le ciel
Sur l'arête du pont,
Elles donnent la réplique
Aux statues des terrasses
Penchées sur les gouttières ;
Leurs pas sont hésitants,
Sur le soleil couchant
Tendu d'une rive à l'autre
Au-dessus de l'Arno.

QUESTION DE PERSPECTIVE

Il pleut des hallebardes ;
Elles tentent d'effacer
La noirceur et la haine
Imprimées dans les murs
Des églises en pagaille.

Des croix aux crucifix
Passion, déposition,
Je ne vois que malheur
De quoi faire peur aux hommes
Qui ont perdu le sens.
Les nonnes ont déserté
Et les curés aussi.
Tout est dépossédé.
Pire que l'indifférence
Est la neutralité.
Que ce soit Pierre ou Paul,
Laurent ou Sébastien,
Les saints sont torturés,
On est en plein enfer
Si bien décrit par Dante.

Les touristes fleurissent
En quête de clichés,
De beauté, de couleurs.
L'art redevient plastique,
Orphelin de présence.

Nous sommes à Florence,
Les cloches sont à Rome.
Où trouver le message ?
Tout est lutte d'influence,
Pouvoir de l'argent ;
Les guerres entre blasons
Ont imprégné la terre,
Le pavé des quartiers,
La Porte du Paradis...

L'Ego prend toute la place,
Même sur les tombeaux...
Je me sens oppressée
Par cette omnipotence
Servie par le talent
D'artistes prestigieux,
J'ai nommé Michel-Ange
Qui a tout d'un archange
Mais il n'est pas le seul
Rappelle Ghirlandaio.

Où trouver la douceur ?
Quel chemin emprunter ?
L'Annonciation de l'ange
À la porte du cloître
Tient peut-être une clé...
Donatello le sait,
À nous de la chercher.

Leçon de perspective
Au pied de Masaccio,
Prendre enfin du recul
Redevenir colombe
Et remonter l'Arno,
Entrer dans une cellule
Des moines de San Marco.
Retrouver les lumières
De la résurrection,
N'ayons plus peur des mots,
Le mystère est énorme.

Aller dans le jardin
Avec Marie-Madeleine ;
Quitter les zones d'ombres,
Laisser l'inondation,
Choisir l'élévation,
Petit point minuscule

Comme San Miniato
Ce soir sous la pleine lune.
Aller vers le soleil
Taquinant le cadran
Incrusté dans le marbre
De Maria Novella.

Laisser Pi avec Phi*
Nous parler d'harmonie,
De l'absolu peut-être,
De l'infini sûrement
Comme l'affiche la façade
De San Spirito.

Aller cueillir la paix
Sur la peau d'une femme
Au sourire de Madone
Qui accueille la vie
Avant de la donner.
Merci Botticelli.

Puis chanter à tue-tête
Comme ces gosses nichés
Au beau milieu des anges,
Ils dansent la farandole,
Lucca della Robbia,
Tout au fond du musée
Des œuvres du Duomo.

Aller chercher la joie
Et dénicher l'amour,
N'est-ce pas le trésor
D'une ville secrète
Qui, à vouloir s'offrir
Au tout-venant d'ailleurs
Pourrait perdre le sens
De son nom de jeune fille,
D'un au-delà caché ?

**Rapports mathématiques d'harmonie géométrique : Pi, constante d'Archimède Phi, nombre d'or.*

Respecter la souffrance
Peinte au premier degré ;
Prolonger le regard
Et rencontrer Celui
Qui se cache derrière...
Laisser tomber l'armure,
La puissance et le reste,
S'offrir à l'indolence
Des courbes de l'Arno
Qui s'allongent en silence
Sur le sein de Florence.

INTRIGUE

Trinité, perspective*,
Cette peinture m'intrigue
M'incite à la distance,
Et me ramène au centre :
Je suis
Ce que Je suis
Et vous serez
Ce que Je suis ...
Peut-être que
J'y suis.

De l'autre côté du mur
La sculpture m'appelle,
Envie de la toucher,
Désir de m'y couler...
Sans même y prendre garde
Ce marbre tant caressé
M'incorpore doucement
Dans ses veines bleutées.

**Masaccio, basilique de Santa Maria Novella.*

LES MARBRES DE TOSCANE

Terre de Sienne
Couleur de sang,
Saveur de glaise,
S'est approchée
De sa voisine,
Celle que l'on nomme
La Serena
Tant elle est grise
Au goût d'amande.
À leur côté
Blanc de Carrare
Vert de Prato
Se sont unis.
Rose de Marenne
Est fille d'honneur
Pour célébrer
La cathédrale
Qui sonne l'heure...
Du départ.

SAINT-PÉTERSBOURG-RUSSIE

LA NEVA

Impériale elle observe,
S'étale de tout son large
Drapée d'immensité
Au pied de l'Ermitage.

Les sens à rebrousse-poil
Chahutée par le vent
Elle ricane sous la pluie
Laisse refluer ses vagues
Pour venir s'alanguir
Au gré de ses canaux.

Quand l'hiver déchaîné
Vient prendre ses quartiers
Dans le Palais d'Été
Neva devient banquise
Et l'on peut à sa guise
Glisser vers le grand large
Qui veille dans le lointain.

LES YEUX

Dans un silence
Fait d'impatience
Seuls les yeux
Bougent,
Curieux de tout
Ils captent tout
Partout…

Dès qu'on les fixe
Ils se referment
Imperturbables
Et impassibles ;
Tant pis pour vous.

UN IMMEUBLE DANS LA VILLE

Au cœur de cette ville
Vous franchissez un seuil.
Un escalier de marbre
Ou de pierres lustrées
Vous attend de pied ferme.

Au même niveau que vous
C'est-à-dire au premier,
Un restaurant s'affiche
Planqué dans un recoin.
Au second c'est bistrot
Qu'on nomme l'anti-café,
On paye au temps passé…

Un étage plus haut
Derrière la lourde porte
Qu'on croit d'appartement
Un couloir vous accueille,
Des chambres montent la garde,
Chacune est un bureau,
Société entreprise
On ne le sait plus trop,
Ordi en guise de lit,
Ils sont vraiment nombreux
À occuper l'espace.

À l'étage du dessus
Sur le même modèle
Vous trouvez votre hôtel
Il fallait le savoir.

LES MOSAÏQUES DE SAINT-SAUVEUR

Immenses fresques de pierre,
Mosaïques de feu
Qui Le sauvent de l'oubli.
Accrochant le soleil
Pourtant absent des lieux,
On les voit si vivantes
Dans leur habit doré
Qu'on les entend chanter.
Chaque éclat de lumière
Vous prend à bras-le-corps
Vous parle de prière
Vous propulse vers un ciel
Tout coloré d'azur
D'une infinie douceur.

Spectatrices attentives,
Gardiennes imperturbables,
Elles ont tout absorbé
Elles ont tout observé :
Des moujiks illettrés
Aux tsars couronnés,
De Lénine à Staline
Raspoutine, Potemkine
Peut-être aussi Pouchkine
Et maintenant Poutine.
Restées comme hors d'atteinte
Des remous de l'histoire
Témoins d'un invisible
Que l'on ne peut nommer,
Elles invitent à louer…
Nous sommes à Saint-Sauveur
Basilique hors du temps
Posée au bord de l'eau
Sur une pierre d'angle
Qui reçut Alexandre
Tombé assassiné.

NOTRE-DAME DE KAZAN

Une icône m'arrête,
Elle me fixe en silence
De fait, elle ne dit rien,
Elle me laisse venir
M'entraîne sur l'horizon
Contempler l'au-delà
Au cœur de cette foule
Où les femmes se voilent
En signe d'intimité
Où les femmes se signent
Par respect du sacré.

PALAIS POUCHKINE

Je me crois à Versailles
Florence ou bien à Rome
Pourtant je suis ici
Au cœur de la Russie
Au milieu d'un pays
Que je voudrais comprendre.

Quitter Saint-Pétersbourg
Rejoindre Vladivostok
Ou descendre en Crimée
En passant par Moscou
Oural ou Sibérie,
Des mammouths aux spoutniks,
Je dois y retourner.

MUSÉE D'ART RUSSE

Les peintures se taisent...
Sur ces toiles affichées,
Les yeux en forme de fente
N'expriment rien du tout
La bouche n'existe pas
Bien trop longtemps fermée.

Tout tient dans les épaules,
Dans cette carrure épaisse
Qui porte tout le passé
Affronte le futur
Dont elle ignore tout.

De violence contenue,
L'émotion est massive,
Elle sort en angles aigus,
En rondeurs sans prise.

LES BABOUCHKAS SONT LÀ

Le regard en alerte
On les trouve partout,
Elles s'activent en tous sens
Balayent les trottoirs
Surveillent les musées
Servent à déjeuner
Ou préparent le thé.
On leur donnerait cent ans
Elles n'en ont pas soixante ;
Ce sont de maîtresses femmes
Tissant sans fin la vie
Ne souriant jamais
Sauf par effraction.

LE MÉTRO

Il me l'avait bien dit,
Il va falloir descendre
Et on descend encore
Passant sous les canaux
Qui serpentent au-dessus.

Spéléo ou plongée
On ne le sait même plus :
Les rames sont très propres
Pas un papier ne flotte
Les voûtes portent haut,
Les colonnades aussi.

Basilique engloutie
Très antiatomique,
Moi je viens de Paris
Et je me sens petite.

LANGUE ÉTRANGÈRE

La bande son m'interpelle.
Curieux, cette sensation
Qui m'impose le silence
En chuintant à merveille
Sans jamais respirer.

Est-elle réalité ?
Est-elle vue de l'esprit ?
Exprime-t-elle les non-dits
Ou ma seule ignorance ?

Cette langue m'enchante
Autant qu'elle me fascine.

BALAI SUR L'AUTOROUTE

Ne cherchez pas pourquoi
Leur outil à la main
Dès le petit matin
On les voit balayer
Le terre-plein central
Entre deux autoroutes.

De sable ou de poussière
Ma vue s'est embrouillée
Je ne sais quoi penser,
Peut-être ai-je rêvé.

LES NUITS BLANCHES

À chaque heure de la nuit
Je me suis réveillée :
C'est l'heure de se lever
Me disait le ciel pâle
Jamais devenu noir
Jamais devenu blanc…

Cet entre-deux dérange
Je voudrais prendre parti
Pour prolonger mon somme
Qui me le refusa,
Préférant faire le guet
Et me livrer livide
Au petit matin blême.

BARCELONE

SAGRADA FAMILIA*

Celle qui sera finie
Quand l'homme sera achevé
Est née des doigts de roche
De la montagne proche
Où niche une abbaye.

Gaudi pour s'exprimer
A créé sa maquette,
Ça lui suffisait bien
Pour incarner son rêve.

Encore maintenant
Quand résonne la pierre,
Le sculpteur s'interrompt
Car ainsi font les pierres
Dès lors qu'elles se refusent
Au couteau qui les cherche.
Elles ont besoin de temps
Elles ont besoin d'écoute
Pour pouvoir entonner
Louange au créateur
Dans l'harmonie d'un Si.

Un jour les chœurs d'enfants
Convoqueront l'écho
Au cœur de la futaie
Des colonnes dressées
Pour une hymne à la vie.

* *Basilique de la Sagrada Familia, (Sainte Famille), construite en hommage à la vie, la nature, la louange et la joie.*

Mais depuis quelque temps
Le béton s'est armé
Les architectes aussi
La voûte a sursauté
Vitraux devenus plomb
Car sous le pilier droit
TGV veut passer
Sans se préoccuper
Du labeur acharné
D'ouvriers inspirés
Depuis près de cent ans.

Et si comme par miracle
Ce carrefour obligé
Faisait germer la graine
D'une foi enterrée ?

CLÉS DE VOÛTE

Basilique végétale
Trop vite montée en graine,
Géométrie sacrée
Dont les clés sont légion,
Appel des grands fonds
Nénuphars inversés
J'y perds tous mes repères.
Le ciel sur pilotis
Repousse mes limites
M'aspire vers le haut
Vers le Très-Haut peut-être.

QUAND LES FAÇADES PARLENT

Au Nord
Ta façade
Me glace,
Tous ces angles
Pénètrent
Glaives au cœur
De Marie.

Rien ne vient
Adoucir
La violence
Du trait,
L'amertume sans fond
Du baiser
De Judas,
L'ironie singulière
Des trois femmes
Face à Pierre,
Celle du coq qui déchante
Se tenant en retrait
Au profond de la nuit.

Et Ton visage en creux
Sur le voile tendu
Rend infiniment vaines
Mes douleurs du moment.

Je détourne mes pas
Lève les yeux au ciel
Au risque de tomber.
Mon regard s'accroche
Sur un fruit suspendu
Insolite présence
Dont le sens est mystère.
Le fruit de la passion
Se nomme résurrection.

LA SAGRADA LUMIÈRE

Lumière…

Insaisissable,
Elle joue
Impalpable,
Elle danse
Elle glisse sur les piliers
Enroule chaque marche
Dans sa spirale de vie
Exulte sans foi ni loi
Dans l'éclat d'un vitrail.
L'or se mue en vert,
Et le bleu se fait nuit
Le rouge coule sang
Se renvoyant sans cesse
Les rais qui, creusant l'ombre,
En jalonnent les jours.

La canopée céleste
Surprend mes pas d'enfant,
Beaucoup trop haute pour moi
Je ne puis la toucher
C'est cela l'espérance,
Rebondir en riant
Confiant dans la nature,
Prophète de la joie.

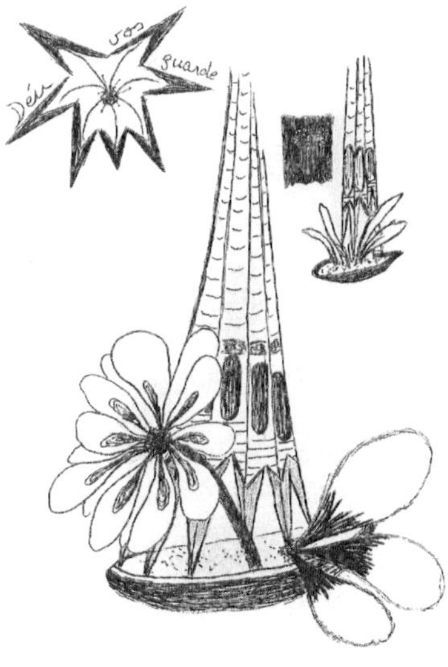

RÊVE

Vierge Noire,
Petite fille,
Morte.
Noire
Aussi,
Vierge
À vie.

Afrique
Chirurgien
Dix-huit grands mois
Pour guérir qui ?
Pour guérir quoi ?
Les preux du lieu ?
Lépreux tout court
Qui ne sentent plus
Ne perçoivent plus
En perdent leurs mains
En perdent leurs pieds
Et tout le reste
Même la vue.
Une cathédrale,
L'évêque retarde
Cérémonie
Pour me donner
Temps d'la retrouver
Cette gamine
Ou cette vierge.
Je n'y arrive pas
Chagrin énorme
Je la sais seule
A changé de nom
Ne plus porter
Celui d'sa fille,
Un chagrin fou
Venu des âges
De la nuit des temps.

Elle s'est couchée
Sur le rivage
Après le naufrage
Toute aplatie
Mère dans la fille
Petite sculpture
Noire de nuit
Dure comme le bois.
Au fond d'une poche.
Peur de mourir
Peur d'avoir faim
Envie de survivre
Besoin intense
De chocolat
Pur cacao
Noir comme l'ébène
Du 100%
Vierge de tout sucre,
De toute douceur
Aussi.

Fond du bateau
Est la souffrance
Elle est montée
À la lumière
Et sur le pont
S'est retrouvée,
Elle peut s'asseoir
Tout près de moi
Ne craint plus rien
Reste dans l'ombre
Je la protège
Se reposer,
Elle n'a plus faim.

Vie antérieure
Destin de femme
Monde sacré,
Mes anges de nuit
Viennent m'aider
À la pleurer
Au creux d'une aile.

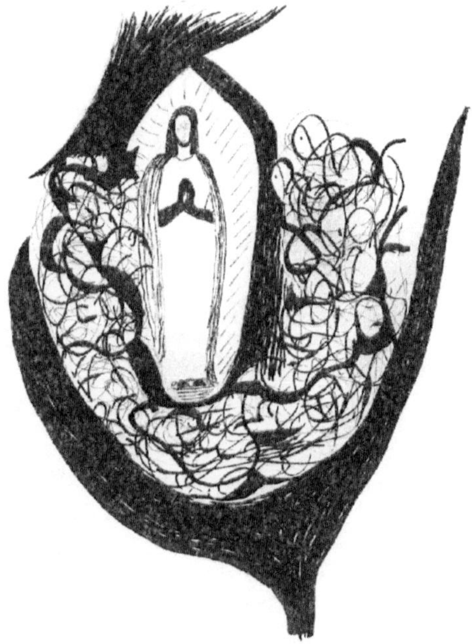

Cloches sonnez
Ma sœur est morte
Dans la lumière.
Avant d'partir
Est revenue de son coma
Instant présent
Espace d'un rien
Quelques secondes
Une minute
L'éternité
Pour me transmettre
Par son regard
Sans un seul mot
Tuyaux obligent
Sa Joie de vivre
Dans cette lumière
Sa Joie plénière
Pleine et entière
J'en suis restée,
Interloquée.

Une fourmi
Vient se glisser
Sur ma feuille blanche
Au pied de mon lit
Je veux l'occire
Elle se redresse,
J'veux l'écraser
Elle veut survivre.

Cadeau du ciel
Petite fourmi
Rien que pour moi
Fourmi for me
En pleine nuit
Barcelona
Sa Vierge Noire
Cécile-Agnès
Dans l'escalier
De Montserrat.

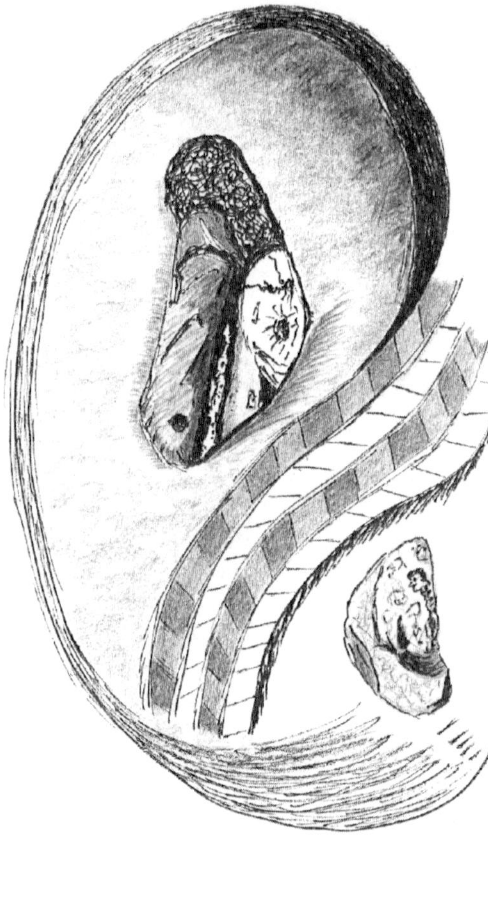

ÉGYPTE

Écouter le silence du temps

L'APPEL DU SPHINX

Non pas l'inspiration,
Mais plutôt une attente,
Une forme d'aspiration
Un appel du Sphinx
À l'entrée du désert,
À l'orée du mystère.
Si tu veux me trouver
Il te faut te poser
Entrer en résonance
Sinon, c'est fausse note
Ou rendez-vous manqué
À la porte du temple.

LE SPHINX

Il occupe tout l'espace
Et concentre le temps ;
Sa densité est telle
Qu'on ne peut la réduire
À l'aide des quelques mots
Qui voudraient s'y risquer.

Au centre de la roue
Que parcourt le soleil
Il reste imperturbable
Devant l'astre céleste
Qui du matin au soir
Éclaire ce qui est.

Terrible face-à-face
Que l'aube renouvelle,
Il nous dit l'éternel
Mais il est sans le verbe
On le nomme présence
Il nous répond « Silence ».

SILENCE

Du plus sombre de la nuit
Le muezzin a crié...
Mon cœur est à l'affût
Dans les pattes du Sphinx
Dont le regard ouvert
Attire le soleil
Comme le fer, l'aimant.

Ancrées dans le désert
Mes jambes repliées
Se sont mises en prière.
Mes doigts entrelacés
Laissent filer le temps
Tissant l'éternité
Apprenant la patience
Qui est tout sauf science.

Le soleil s'incarne,
La terre s'habille en ocre
La parole doit se taire
Seule la présence reste
Qui déploie sa puissance.

LE SPHINX ET LE MACHU PICCHU

Je m'étais mis en tête
De vouloir lui parler
De ce Machu Picchu,
De la Vallée Sacrée
Créée sur le modèle
De notre Voie Lactée.

Je l'avais visitée
Quelques années avant
Et j'avais vu le Sphinx
Messager de l'Orient
Nous observer frémir
En écho à la terre
Lorsqu'elle avait tremblé.

Et ce matin, à l'aube,
J'ai suivi du regard
La ligne que dessinait
L'une des Pyramides
Et je l'ai prolongée,
Très loin dans la pénombre,
Et Orion était là
Immobile et tranquille
Constellation visible
Berceau de nébuleuses
Dont je tairai le nom
Car l'expression est vaine
Quand tout est déjà là.

AU CŒUR DE LA PYRAMIDE

Me suis glissée
Dans ce boyau
Genoux au front
Pieds en crapauds…

La nuit est descendue,
La chaleur est montée,
Coincée entre les deux
J'ai tenté d'avancer
Jusqu'à cette salle immense
Qui résonne sans fin
De nos méditations
Dans ce lieu confiné
Relié à l'infini...
…………………...

J'ai repris le boyau
Seule issue vers l'air libre
J'ai redressé la tête
En quête de lumière
Et je me suis cognée
Et recognée encore.

Me prenant pour Moïse
Avec toutes mes bosses
J'ai appelé Yahvé,
Qu'il me prenne en pitié
Et me sorte de là,
Pour pouvoir respirer.

Le nez sur mes talons
Dans cette moiteur humide,
Une voix m'a parlé
Lovée entre deux pierres :
Arrête de penser
Laisse faire ton corps,
Lui seul sait le chemin
Qui conduit à la vie.

Et j'ai obtempéré
Centrée sur mes chakras,
Sanglée dans mon corset,
Il sait l'humidité
Que requiert la vie,
Il sait l'humilité
Que requiert l'attente,
Il connaît la patience
D'une momie pétrifiée
Demain ressuscitée.

TEMPS SUSPENDU

J'ai toujours un peu peur
Quand le temps se suspend.
S'agit pas qu'il m'oublie
À cheval sur le vide,
À regarder passer
Funambules de tous bords
Tellement concentrés
Sur leur seul brin de fil
Qu'ils ne peuvent me voir
En recherche d'un lien…

Plutôt que de rejoindre
Le phénix installé
Sur un vieux tas de cendres
Discutant avec Job
Tout en bas de l'abîme,
Je préfère saisir
Une patte ou le cou
De l'oie dite cendrée
Qui vole à perdre haleine
Vers l'éternel bonheur
D'un Bhoutan préservé.

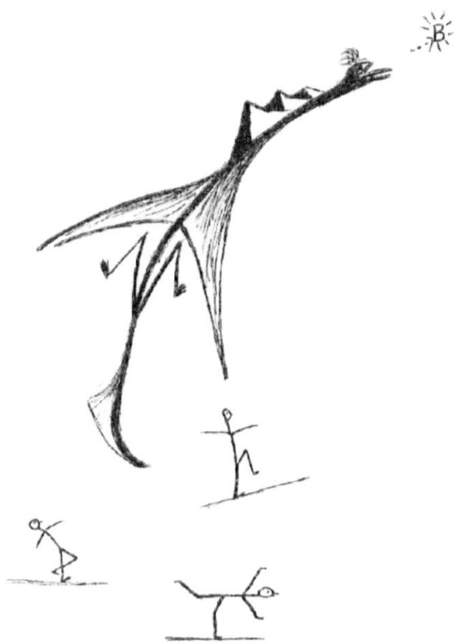
B

BHOUTAN

Pays du dragon Druk, des yaks et du bonheur national brut (BNB).

PAYS DU DRAGON DRUK

Je pars d'un pas léger
Rencontrer le Bhoutan,
Tant va la cruche à l'eau
Répond le dragon d'eau
Assis à mes côtés
Sur la Drukair airline
Un yak pour pilote.

LE BONHEUR NATIONAL BRUT

BNB 1
National ou local
Ce bonheur est trop brut
Pour pouvoir se montrer
À la face du monde.

Indicateurs précis
De la prospérité,
Gravés dans le rocher
De leur constitution,
Compassion, bienveillance,
Une bonne gouvernance
Dans le respect de l'autre
Et de l'environnement,
Proclament leurs valeurs
À qui veut bien les voir.

Ce bien-être coûte cher,
Subventions en tout genre…
Ce bonheur est trop tendre
Pour pouvoir résister
Aux réseaux connectés…
Et pourtant ils y croient
M'incitent à faire de même
Et l'enseignent à leurs mômes…

BNB 2
Le champagne et le cidre
Et peut-être quelques hommes
Supportent de rester bruts
Dès lors qu'ils sont bouchés,
Planqués dans leur bouteille.

Partant de ce constat
Quand on s'appelle bonheur
Comment s'ouvrir au monde
Sans perdre sa saveur
Et comment rester net
Sans pourtant s'affadir
Au contact de l'air
Qui ignore les frontières ?

BNB 3
Au Bhoutan comme ailleurs
Le bonheur se travaille
Comme un diamant serti
Ou alors il se taille
Et ç'en est terminé.

AU BOUT DU TEMPS

Au bout du temps
Est le Bhoutan
Là où le ciel
Prend tout l'espace.

Entre deux arbres
D'un col à l'autre
Fanions sacrés
Flottent au vent
Intercédant
Pour notre monde,
Intercédant
Pour la planète.

L'À-PIC

Ici quand on klaxonne
C'est pour dire « Je suis là,
Prenez tout votre temps
Mais laissez-moi passer
Dès que vous le pourrez,
C'est-à-dire maintenant ! »
La route est très étroite
Et l'à-pic fort profond,
Les pneus surfent sur le vide,
S'agit pas de verser
Dans ce ravin sans fond
Où les singes moqueurs
Dégustent sans piper
Des bananes écrasées…

FORÊT

Sur la crête
En frise ou en dentelle,
Les arbres.

De soie ou de coton
Chaque branche est pinceau
Calligraphie sacrée.

Un vieux yak râblé,
Tous poils emmêlés
Imprime son histoire
Sur l'écorce blasée.

Posée en contrebas
La palette des verts
Sert d'écrin aux rhodos
Dont le rouge vermeil
Attire le laser
D'un rayon de lumière
Tandis que doucement
S'envolent à tire-d'ailes
Les fleurs de magnolia
Surgies de nulle part…

LES OISEAUX

Dix-huit heures trente,
Interruption du son
Disparue la pagaille
Ce chahut incroyable
Qui vient des retrouvailles
D'une fin d'après-midi.

Un coucou prend la main
Interpelle la nuit
Qui chute à toute allure…
Quelques retardataires
Essayent de la distraire
En chantant à tue-tête,
Même le geai bleuté
De sa voix éraillée
Grince du désespoir
De devoir se coucher,
Mais bien vite ils renoncent,
S'enfoncent dans le calme
Édredon du bien-vivre.
Ils s'en vont se nicher
Sous le couvert d'une feuille
Où s'écrit chaque rêve
Qui raconte le jour.

LES CHIENS

Sitôt la nuit tombée
Le royaume des chiens
S'éveille bruyamment.
Canins de toutes espèces,
Se retrouvent en bande
Aboient pour presque rien,
Pour un oui, pour un non,
Pour une lune trop pleine,
Une étoile mal lunée.
C'est leur manière à eux
De nous faire savoir
Qu'ils ont des cousins loups
Qui font le carnaval
En écoutant Saint-Saëns…
Au sein de cette meute,
Je compte les moutons
Et trouve le sommeil
Qui frissonnait de peur.

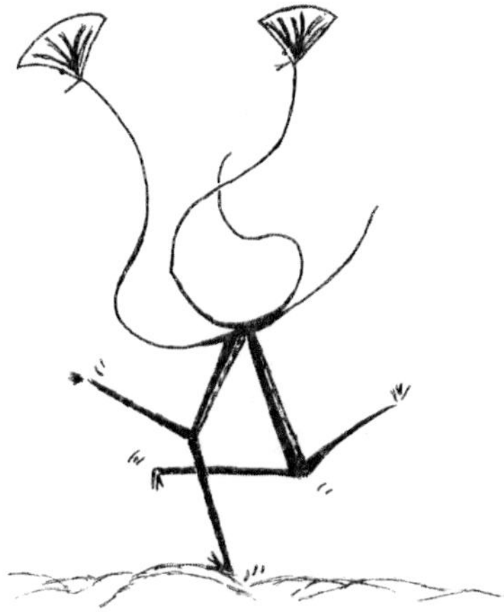

LA VALLÉE DES GRUES

Le cou est aux aguets
La patte en suspension
Curieuses de tout, peureuses d'un rien
Fiérotes et mystérieuses
Les grues, ombres chinoises,
Dansent.

La mousse pour tapis,
Sur le sol détrempé
Quelques sapins rigides
Se refusent au vent,
Antennes dérisoires.

Ni pylônes ni fil,
Insidieux le brouillard
Infiltre la vallée
Pour nous rouiller la vue.
Adieu les grues,
Ciel en passoire,
Plus rien à voir.

L'ÉCOLE COMMUNALE

Il est huit heures
Les gosses arrivent,
Une heure de route
C'est la moyenne,
Ça fait les pieds
Et ça motive.
Escalader
La double échelle
Pour pénétrer
Dans leur école
C'est vrai pour eux,
C'est vrai pour nous
Car le savoir,
Ça se conquiert
Avec les jambes,
La tête suit
Et non l'inverse.

Première étape :
La cloche sonne
On range tout
Dehors-dedans
Coup de balai
Tout se veut propre,
Chacun s'y met.

Deuxième étape :
Rassemblement
Filles d'un côté,
Garçons de l'autre,
Tous bien rangés
Selon la taille
Drapeau levé,
Hymne national,
Tout le monde chante
Les profs aussi.

Troisième étape :
Le mot du jour
Par deux élèves
Qui se succèdent
Pour dire un texte,
Une réflexion
Sur un sujet
Donné la veille.
En cas de panne
Ou de loupé,
Il recommence
Le lendemain.
Répétition,
Concentration.

Le mot du prof
Clôt la séance
Puis la prière
Et chacun part
Rejoint sa classe,
Tout beau, tout net,
Qui dans son go*
Qui en kira*.
Il est neuf heures.

* *Uniforme national.*

DZONG

Perché à fleur de roche
Des marches pour seul accès
Et aussi des échelles
Pour changer de niveau,
Le monastère veille.

Psalmodies et mantras
Occupent tout l'espace.
Moines et moinillons
Récitent tous ensemble
Les paroles sacrées.

Certains sont concentrés
Et d'autres se balancent
Un œil sur la feuille
Un autre sur l'étranger
Venu les observer.

Cheveux coupe-gazon
Qu'ils soient filles ou garçons
Ils se ressemblent tous
Drapés comme ils le sont
Dans leur grand manteau pourpre,
Sous l'œil de Bouddha
Qui veille sur le Dzong.

POLICE

C'est fête au temple,
Chacun se presse
Petits et vieux
Ça fait du monde.

Ombre ou lumière
La place est rare
Pour voir danser
Moines inspirés.
Mais pour l'instant,
C'est l'anarchie
Et la police
Vient s'en mêler.
Jusqu'à présent
Rien d'étonnant.

En uniforme,
Brassard au bras
Ils ont seize ans
Voire quatorze,
C'est surprenant.

Sans concession,
À voix égale
Ils sont aimables
Et prévenants
Ahurissant.

Et l'on se range
Sans piper mot,
En se poussant
En rigolant
En se souriant.
C'est le Bhoutan.

COURTOISIE

J'ai mangé des fougères
Des légumes et du riz,
Poulet avec les os
Épinards et curry
Et toujours du chili...
Le sourire est gratuit
La gentillesse aussi
Tout est organisé
Pour notre plus grand bien-être,
C'est ça la courtoisie.

LE RETOUR

A380
D'abord il rampe,
Moteurs vrombissants
Il avale une à une
Loupiotes de la piste.

Vrai rouleau compresseur
Il écrase la terre
En mâchant bruyamment
Ce qu'elle lui abandonne
Et puis, le ventre plein,
Il soulève le nez
Il s'arrache du sol
Les ailes arc-boutées
Et contre toute attente
Il se met à voler.

Bras en croix il bénit
La ville restée au sol,
Grande ombre protectrice
Il emplit tout l'espace
Avant de s'engouffrer
Tête baissée dans les nuages
Avalé, englouti
Par la nuit couleur d'encre,
Sa balise pour témoin
Qu'il rejoint les étoiles.

HIMALAYA

Icebergs du ciel,
Posés sur l'horizon
D'une mer lagon,
Les pics et les creux
Du plus haut toit du monde
S'égrènent doucement
Entre les doigts d'un bonze
Au regard sous vide.

Et puis l'avion s'enfonce
Et l'on ne voit plus rien,
Le brouillard est total
Sans visibilité aucune
Nous laissant immergés
Dans la pleine présence
D'un récif enneigé
D'un sommet trop glacé
Qui pourrait nous toucher
Si l'on n'y prenait garde.

On guette un pic altier
Qui pointerait son nez
Et soudain il est là
De toujours à toujours
En repos éternel
J'ai nommé l'Everest.

Respectueux les nuages
En dessinent les contours
Sans oser s'accrocher,
Tandis que sur ses flancs
De grands boulevards glacés
Se dirigent tout droit
Vers ces puits encastrés
Dont le fond est néant.

L'APPEL DES ÉLÉPHANTES

Yani, Tong Deng,Tong Kham, Mulée, Gintala, Ganeshapark, Kanchanaburi, Thaïlande.

RENCONTRE AVEC YANI

J'ai rencontré Sagesse
J'ai rencontré Puissance,
J'ai rencontré Douceur
J'ai rencontré la Joie,
J'ai reconnu la Source
Je m'y suis connectée,
M'en suis fait un habit
Un habit de lumière
Un habit de louange.
Généreuse dans ton pas
La beauté dans les yeux
Tu m'as ouvert le cœur
Pour diffuser le Tout...

DANS LE PAS DE YANI

Le féminin sacré
Mamelle au bout du cœur
Arpente sans fin le monde
De son pas de géante.
Il est chargé de temps,
La lenteur est son ancre,
Son compas est l'espace
Son aura est immense,
Expression de la terre
Contre lui je m'appuie
Je suis invulnérable
Marchant dans le cosmos.

TONG DENG

Ton nom au son de cloche
Résonne doucement,
Tu entends ma demande
Et m'invites sur toi
T'immergeant dans le fleuve
Quand je fus contre toi.
La trompe en périscope,
Tu as senti ma peur
Tu la métamorphoses,
C'est cela ta grandeur.
La trompe en goupillon
Tu m'arroses par trois fois
Bénédiction du ciel
Ou clin d'œil du moine
Que l'on croise au retour.

TONG KHAM

Hissée, poussée, tractée
Je m'agrippe sur toi
Cherchant un point d'assise
Afin de m'installer.

Derrière la croûte épaisse
D'une blessure de branche
Ton troisième œil veille.

Tes oreilles me calent,
Je prends de la hauteur
J'habite ma puissance,
Tu es sécurité,
Tu me permets d'oser
Poser ma main violette
Sur ton front qui travaille
Cicatrice de la vie.

Je me sens guérisseuse
Et c'est toi qui me soignes.
Et au bout du chemin,
Agenouillée à terre,
Tu me laisses descendre.
Respect et gratitude.

MULÉE

Je suivais Gintala
Et puis, elle m'a semée
Me laissant aux bons soins
De son amie Mulée,
Mulée la solitaire
Qui a vaincu ses craintes
Pour rejoindre le groupe
Voici quelques semaines…
Contre son ventre offert
La vanne s'est fissurée,
Une larme a coulé
Étonnée d'être à l'air,
Est devenue rivière
Se fondant dans le fleuve
Qui l'attendait plus bas.

GINTALA

Je planais sur les eaux
Mes pieds très loin du fond
Dans le courant contraire,
Pourtant tu m'as fait signe.
Aidée, encouragée
Je t'ai escaladée
Puis nous sommes parties
Papillons pour copains
Sur le chemin soleil.

Ton malicieux mahout*,
Sa radio en sourdine,
Chantonne en souriant.
Je tangue sur ton cou
Les bras en balancier,
Vous respirez la joie
Et tout devient possible :
Rester sur le sentier
Ou aller voir ailleurs
Au gré de quelques fleurs.
Arrivée à bon port
Ta trompe en toboggan
Me repose sur terre
Vers d'autres ouvertures.

* *Nom de la personne qui s'occupe de l'éléphant.*

LES LANTERNES DE CHANG MAÏ

Quand l'homme lance des lanternes*
Dans la nuit étoilée
Et des bougies sur l'eau
D'une rivière obscure,
Je deviens galaxie
Et mon cœur s'embrase
En ce soir de pleine lune
Où le ciel est en moi.

AURORE DU DÉPART

Six heures du mat,
Menton posé
Sur la montagne
Dont le profil
Est d'éléphant,
Soleil se lève
Sur fond de brume ;
Son œil de braise
Rougie au feu
Scrute la terre
En contrebas :
Vêtus de blanc
Chevaux-manèges
Se sont cabrés
Prêts à partir
Avec Hermès
Chasser la nuit,
Tracer le jour.

** Fête des lanternes à la pleine lune de novembre.*

Drapés d'orange
Trois moines vont
Dans le silence
De cette aurore.

L'astre m'observe,
Son œil cligne
Le mien se mouille
C'est l'émotion
Devant l'instant
Dont la beauté
Touche mon cœur.

Ce jour durant
Je vais voler
Dans un avion,
Course au soleil…

Peine perdue,
Il va gagner,
Je dois veiller.

Six heures du soir
Mois de novembre
Roissy airport
Un moine orange
Passe la douane
De notre monde
Gris de béton.

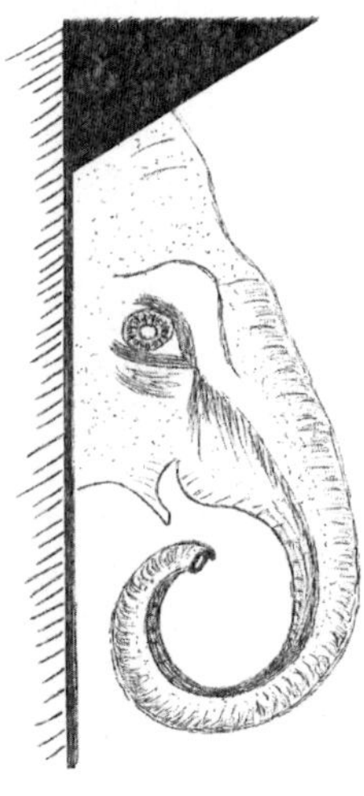

INDE

De Paris (France) à
Calcutta (Inde)

De Calcutta (Bengale) à
Gokarma (Karnataka)

En passant par
... Goa,
... Hampi et
... Kollur.

CALCUTTA LE RETOUR

NUIT DE RETROUVAILLES

Pour déchirer la nuit
Un homme a inventé
Feu d'artifice,
Feu de Bengale…
Éphémère illusion
La nuit revient toujours
M'y suis paumée ce soir.
La fusée tranche l'air
Sifflant telle une lame
Elle explose plus haut
Dans ce banc de poussière
Ni vraiment gris
Ni vraiment jaune
Qu'on nomme pollution
Qui éloigne la nuit
La rendant plus prégnante,
Qui voile les étoiles
Les rendant plus fragiles.
Un vague ressenti
Plus lourd qu'un couvercle
S'est abattu sur moi
En cette nuit bruyante
Où quelques rires fusent
Sans me dire pourquoi.
C'est un troupeau de trop
Qui hante ma nuit grise :
Trop encombrée
Trop de valises
Trop de roulettes,
Trop décalée
Trop de pensées
Que fais-je ici
À m'écouter
Ainsi écrire ?

Ça m'est insupportable.
Ville de tous les contrastes,
En guise de retrouvailles
Tu m'offres une nuit blanche
Comme la première fois.

Le trop côtoie le manque
Je ne sais rien y faire
Et tu vas tout m'apprendre,
Comme la première fois,
Comment prendre sa place
Pouvoir l'assumer
Et savoir évoluer
Sans pourtant dire un mot.
C'est l'intention qui compte
Et ils le savent bien
Dans cette foule en transe
Attentive à survivre
Sans même hausser le ton.

L'espace vibrionne
Le temps n'est pas à prendre
La patience s'impose
On est tellement nombreux.

L'indifférence abrite
Mais elle crée la distance,
Soit on rejette en bloc
Soit on devient accro.

Et moi je veux rester
Sur un sourire immense
Celui de ce douanier
Heureux de découvrir
Que j'étais revenue
Quarante années après.

CALCUTTA

Vue du ciel
Calcutta
Impeccable
Et rangée,
Maisons bien disposées
De chaque côté du fleuve.

Le grand pont d'Howrah
Enjambe d'un seul élan
Le Gange qui s'étale
Ignorant de la vie
Qui grignote ses rives :
Marché aux fleurs
Piments saveurs
Parfums odeurs
Entremêlés
Combats lutteurs
Yoga lessive
Saris qui sèchent, touche légère,
Méditation et ablutions,
Tous cohabitent
Quelle que soit l'heure.

Un peu plus loin
Bara Bazar,
Pas un trottoir,
Ruelles aveugles
Tricot troué
Et nids de poules.

Les échoppes se suivent
Les ballots s'entrechoquent
Et les rickshaws se croisent
Tirés à bout de bras
Par des hommes sans âge.

Les arbres ne touchent plus terre,
Lançant quelques racines
À l'aplomb d'un balcon
Ils se hissent sans fin
Vers un ciel lointain.

Une branche égarée
Propose par hasard
Un tout petit coin d'ombre
Où vit une famille.

Quant aux murs ils ne tiennent
Que parce qu'on les regarde,
L'instant d'après ?
Nul ne le sait.

COUP DE FEU

Feu de Bengale !
J'ai mis le feu
À la maison.
J'ai cru fermer
L'interrupteur,
Me suis trompée.

La résistance,
A trop chauffé…

Le papier Q
Fut consommé
La fumée noire,
Lançant l'alerte,
Nous a sauvés
De l'incendie.

LES TRANSPORTS

Les transports sont en vrac
Les rickshaws se font rares
Tractés par les plus vieux,
Les jeunes ne veulent plus
De ce boulot de bête.

Les scooters s'imposent
Chargés de la famille,
D'amis et de paquets
Ou des trois à la fois,
Ils jouent à passe-partout
Ou du moins ils essayent.

Les voitures sont des caisses
Très haut-perchées sur pneus
À distance du sol,
La mousson n'est pas loin
Et les obstacles aussi.

Avant de repartir
Le chauffeur de taxi
A ouvert le capot ;
Aérer le moteur
Est une façon de faire,
Une hygiène de vie.

Quant aux bus vacillants
Ils foncent dans le tas
Sans se soucier des restes.

CIRCULATION

Ici les sourds
Peuvent s'entendre
Et les muets
Savent parler,
Un geste, un seul
Et tout est dit.

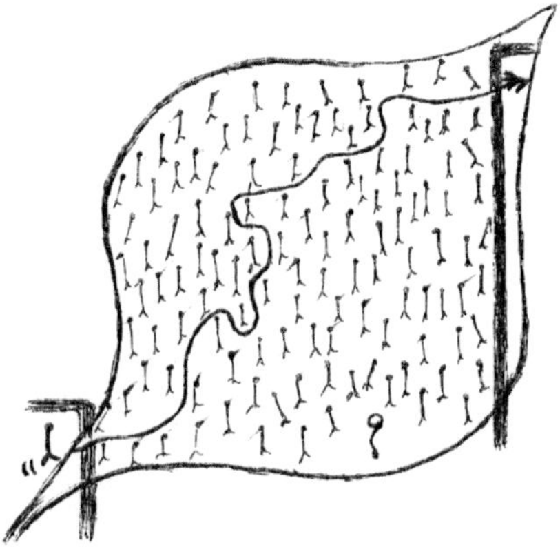

Hochement de la tête
Petit coup de poignet
Ne pas se retourner
Surtout pas s'arrêter.
Seul douter est danger,
Celui de trépasser
Quand on veut traverser.

Concentration extrême.

La radio en sourdine
Musique en fond sonore
Mais comment discerner
L'approche d'une présence
Le son d'une voix humaine
Ou d'un coup de klaxon
Qui s'ouvrent un espace
Sur lequel surfer,
Dans lequel se glisser
Tous les sens en éveil ?

On ne se touche pas
C'est le plus fort qui passe,
Le plus rapide aussi
S'il a quelque souplesse,
Question d'autorité
Suffit de s'affirmer.

SUR LE PONT D'HOWRAH

Howrah bridge
Secret défense
Zéro photo
Sinon amende.

Une marchande
Assise par terre
Vend trois citrons
Tout ce qu'elle a.

Elle en perd un
Qui va rouler
Un peu plus loin
Sur le bitume,
Je le ramasse,
Pour le lui rendre
De ma main gauche,
Et prends conscience
De mon erreur,
La main impure…

Je le bascule
Dans ma main droite
Celle du cœur ;
Sourire profond
Cadeau du ciel
Ainsi se vit
L'humanité.

SOUS LE PONT

Il y a toujours quelqu'un
Qui dort sous un pont.
Regarde bien
Deviens le pont
Mets le couvert
Offre ton aile
Emporte-le
Brin d'espérance
Passeur de vie
Vers l'autre rive.

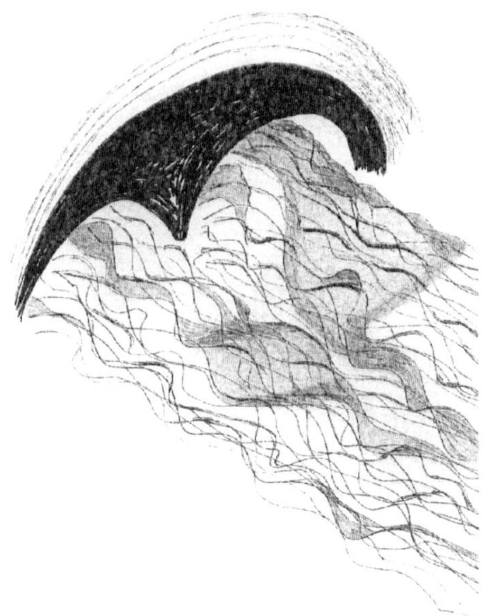

LES MILLE-PATTES DU PONT

Pont de métal
Dont les piliers
Sont des rouages
Trempés d'acier.

Tout est en angle
Austérité.

Course effrénée
Où les ballots
Sont tiraillés
En équilibre
Sur un scooter
Sur un vélo
Sur une tête
Ou sur le dos,
Seules les jambes
Se laissent voir
Semi-pliées
Elles courent
Et trottent
Car c'est ainsi
Qu'on passe le Gange.

GARE D'HOWRAH

Vibrante de tous ses pores
Inchangée par la vie,
La gare.

Le sombre y est chez lui
N'a jamais vu le jour.
La foule s'étale intense
Tel un flot incessant
Qui coule dans l'escalier
Y déferle sans fin
Pour me foncer dessus
Sans pourtant m'effleurer.
L'indifférence y règne,
Un rien, je disparais.

Dans ce torrent humain
J'essaye un pas de danse
Petit pas de côté,
En respectant le rythme
Sans risquer l'abandon...
Vigilance tendue
Pas envie de tomber
Pas envie de sombrer.
Beaucoup restent couchés,
Ne se relèvent plus.

CONCERT

Concert d'une nuit
Trois nuits de suite
Se succédant
Sans s'interrompre.

Douce au départ
La voix se gonfle
Vous interpelle
Implore le ciel
Convoque la terre
La vie qui danse
Saisons qui passent.

Le tabla vous envoûte
Le chant vous met en transe
À l'unisson du monde,
Mélopée de toujours
Depuis la nuit des temps
Le Kheyal* vous transporte
Jusqu'au petit matin
Ce fut le troisième jour
Dieu sait que ce fut bon.

* *Chant classique du nord de l'Inde.*

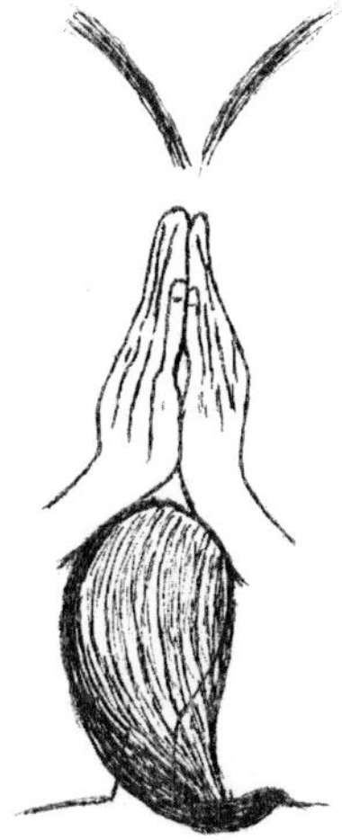

DÉTACHEMENT

À Calcutta,
Mère Teresa.

Ai demandé
En guise de grâces
Deux simples mots :
Détachement,
Sérénité.

Suis sortie de chez elle
Ai changé de l'argent
Ai perdu cent euros
Sans m'en apercevoir
Sinon le lendemain
En recomptant mes sous.

Quand des vœux sont émis
Avec sincérité
Ils sont piste d'envol
Vers une réalité
Qui peut nous dépasser.

MÈRE TERESA

Figure de proue,
Méditant en silence
Dans son sari blanc bleu
Au fond de la chapelle,
Sa statue me rappelle
Son regard de feu
Plus bleu qu'un océan
« Je vais prier pour vous »
M'avait-elle assuré.
Sa voix résonne encore
Au cœur de mon plexus,
Pourvu qu'elle continue,
Il est long le trajet
Pour apprendre à aimer.

TAGORE

Ta maison est de paix
Le temps est suspendu
Le jardinier d'amour
Sourit à la jeune lune.
Ton jardin me repose
Du quartier trépidant
Dont je sors à l'instant
Un peu ébouriffée.
Est-ce ta poésie
Qui fait vibrer les murs ?
Tes dessins m'ont parlé
Des écoliers ont ri
Surpris par ma présence
Au détour d'une pièce.
Ton aura est palpable
Je me laisse toucher.

GOA

INTERMÈDE

Personne au rendez-vous
L'aéroport est vide.

Face à tous ces chauffeurs
En mal de clients,
Face à tous ces taxis
Qui rêvent de me prendre,
J'attends.

Je n'ai pas de Wi-Fi,
Je ne sais où aller.

Je me sens esseulée
Quoiqu'un brin amusée,
Moment de fatalisme,
Que voulez-vous y faire ?
Je convoque la confiance,
Invite la patience.
Regarde passer le temps…

Puis surgit un visage
Les bras en sémaphores
De peur que je m'éloigne,
Il m'attendait ailleurs,
Je ne le savais pas.

LE TEMPS N'EST PAS LE MÊME

Le temps n'est pas le même
Ma montre l'a ressenti
Quand elle s'est arrêtée
En montant dans l'avion
Qui vole vers Goa.

Le temps s'est dilaté,
Effet de la chaleur
Qui fait fondre bitume ?

Le temps m'a provoquée,
Quand, par inadvertance,
Le train respecta l'heure
Au désarroi du quai
Qui l'a regardé partir.

Le temps s'est retrouvé,
Ma montre l'a reconnu
Quand elle s'est relancée
En descendant ma rue
Pour être réparée
Le jour de mon retour.

SUR LA PLAGE

Contraste encore
Mer et soleil
Ciel d'azur
Quelques palmiers
Pas un seul nuage
Mais des touristes
Venus d'ailleurs
Sono à fond
Qui pulse trop
Et qui m'assomme.
Je cherche l'Inde ?

L'aube discrète
Vient me répondre
Dans la pureté
De sa beauté.

Souffle léger,
Avec pudeur,
S'offre en douceur
À ceux qui marchent
À ceux qui prient
À ceux qui nagent
Font leur yoga
Réconciliant tout l'univers
Dans la grande paix de cet instant.

TOURISME DE MASSE

Des touristes
Vont en Inde
Ou du moins
Ils le croient.

Chargés de leur techno
Ils s'assoient sur la côte
Ils regardent vers l'Ouest,
Ils regardent vers… chez eux.

En lisière de l'Inde,
Centrés sur leur ego,
Ils lui tournent le dos
Mais la terre reste ronde,
Se retourner une fois
Et se laisser aller,
Si leur chance était là ?

RADAR

Sur l'autoroute
File du milieu
Simple barrière
Posée de ci
Posée de là
Ça flanque la trouille
Ça vaut radar.

HAMPI

VOYAGE VERS HAMPI

Cinq heures du mat
Direction gare
Train pour Hampi
Il fait grand-nuit
Même les coqs
Sont amortis.

Sept heures de train
Train à charbon
Barreaux aux fenêtres
Portes ouvertes
Pour profiter
De l'air ambiant
Loin des latrines
Si faire se peut,
Pour profiter
Du paysage
Voir la forêt
Frôler une branche
Un écureuil…

Entrevoir la cascade,
Affronter la caillasse
D'un désert de rocailles
Feront passer le temps
Mieux que tous les romans.

Le train n'a pas changé
Les couchettes de bois
Et les ventilateurs
Sont des valeurs sûres
Retenues par des chaînes.
L'ambiance est bon enfant
Dès lors que les valises
Ont été attachées
Dûment cadenassées.

Ça circule beaucoup,
Des marchands ambulants
Aux estropiés mendiants
Tout le monde s'organise,
Ce n'est pas la pagaille
Chacun veille à sa place
Se pousse de temps à autre
Histoire d'exister.

Ainsi va mon wagon
Tout empli de sagesse.
Un groupe de jeunes filles
Rentre vers Calcutta
En ont pour vingt-quatre heures
Sans compter les arrêts
Moments bénis des dieux
Pour dégourdir ses jambes
Acheter une galette
Boire un tchaï bien serré
Et aussi très sucré.
Nous voilà arrivés
Voyez que ça passe vite.

GARDIEN DU TEMPLE

Gardien du temps,
Il veille
Gardien du temple,
Il prie
Gardien du lieu,
Il joue
Parfois même il chaparde
Enseigne le détachement
Contemplant l'infini
Dans un geste gracieux.

Ce guerrier spirituel
Est un singe,
On lui dédie un temple,
Il orne les piliers
On le nomme Hanuman
Il a une tête d'homme.

Dans sa vie incarnée
Il nous fait un peu peur,
Bondit à l'improviste
Se déplaçant en bande
Tout en montrant ses dents
Avant de se poser
Face au soleil couchant.

TEMPLE DES ARTS

Cette danseuse
Vêtue de pierre,
Très déhanchée,
Fait palpiter
Tous les piliers.
Musiciens et guerriers
Figures et symboles
Animaux insolites
Se donnent la réplique,
Construisant l'harmonie.
Un peu plus bas
Sur la rivière
Lakshmi sourit.
Du bout de sa trompe
Elle me touche
On se connaît
C'est tout.

ROCHERS SUSPENDUS

En équilibre instable
Depuis la nuit des temps
Ces rochers montent la garde,
Ils sont éclats d'étoiles.
Certains cailloux fendus
Laissent pousser un arbre
Étonné d'être là.

Dans ce chaos céleste
Vestige d'un autre temps,
Au cœur de ce grand cirque
Érigé par des dieux
Partis sans dire un mot,
L'énergie me transforme
Et je deviens guetteur.

HANUMAN TEMPLE

J'ai gravi chaque marche
Et la terre m'a aidée
Repoussant doucement
Mon talon qui se pose
L'aidant à rebondir,
Toujours aller plus haut.
Chaque marche est tremplin
D'inégale largeur,
S'emboîtant l'une en l'autre
D'inégale hauteur,
Cinq cent soixante-quinze…
Je n'ai pas vérifié
Occupée à grimper,
En quête du nirvana.

CINQ CENT SOIXANTE-QUINZE

Cinq cent soixante-quinze,
Pas une de plus
Pas une de moins
Ce sont des marches.
Aucune ne se ressemble
Chacune m'encourage
Ce n'est pas un défi
C'est une réalité
C'est chose grave de monter.

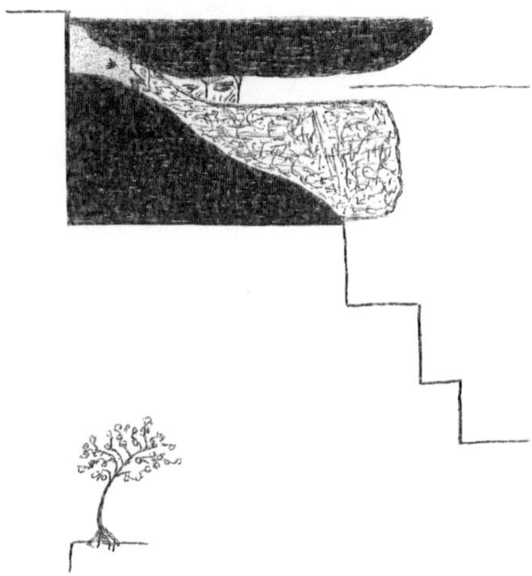

Dans l'anfractuosité
De deux roches couchées
Un œil vient se poser
Sur mon pas incertain
Le pousse vers l'horizon
Je n'ai pas le vertige
C'est chose grave de monter.

Arrivée tout en haut,
Il y a toujours plus haut,
Les intentions rayonnent
Portées par le soleil
Vers les points cardinaux.

Dressé sur le sommet
Est le frangipanier
Vrai moulin à prières
Sous la lune qui sourit
Et qui prend le relais
D'un jour qui s'efface
La nuit tombant très vite.
Il va falloir descendre
Pas question de chuter.
C'est chose grave de monter.

PETIT VILLAGE

La nuit s'est installée,
Tout est paisible ici.
Et sous le lampadaire
Éclairant faiblement
Le sol en terre battue,
Écolières penchées
Rédigent leurs devoirs
Révisent leurs leçons.

Des gamins vont et viennent
Achètent des bonbons
À la petite échoppe
Qui sert aussi du tchaï.

Fondus dans ce décor
Nous nous sentons très bien
À l'abri de ce feu
Qui roule sur la colline
Un peu plus loin, là-bas
Découpant la silhouette
Des branches et des palmiers
Qui ploient dans la fournaise.

CANNE ET COCO

À part la canne à sucre
Personne n'est pressé
Dans ce coin reculé.

Dans le même tempo
Est la noix de coco
Taillée à la serpette
Elle s'avère très douce,
Mais qu'on ne s'y trompe pas,
Elle pourrait nous tuer
Si elle chutait sur nous.

LA ROUTE

La route défoncée,
On ne peut s'y fier,
Aller vite est un leurre,
Dépasser est risqué.

Intérêt du klaxon
Qui signale sa présence,
Les vaches n'en ont pas,
Il faut les repérer
Et ne pas les brusquer.

Les *scoot* font des nœuds
Dans ce tissu serré.
Les bus surchargés
Penchent du même côté,
Miracle permanent
Ne perdent pas grand monde
Et impeccablement vêtus
Les grappes d'écoliers
Y grimpent et en descendent
À l'aise comme des poissons
Dans le courant d'un fleuve
Rouge comme la poussière.

KOLLUR

MOKAMBIKA

Mokambika,
Dieu de tous les possibles,
Attire les pèlerins
Car ici tout se prie.

Dévotion affairée
Présence recueillie.
Tintement de clochette
Petite bougie de ghee
Les fleurs et les fruits
Sont offrande de l'âme.

Ce que l'on doit brûler
Disparaît dans le feu
Au son de ces mantras
Porteurs d'intentions
Vecteurs de guérison.
Ils résonnent sous le toit
Grisés par la fumée
Qui montre le chemin
D'un au-delà si proche.

Quand la nuit fut venue,
La torchère allumée,
L'échelle s'est dressée
Accrochée dans le ciel,
Je l'ai perdue de vue.

EDEN GARDEN

Dans un creux de rivière
Une vasque enchantée
Se nomme Eden Garden,
Petits poissons curieux
Mordillent nos orteils.
En aval de nous
La lessive va bon train
Lavage de dents aussi,
Les rires se répondent
Qui lavent l'intérieur.

Glaçant d'indifférence
Un serpent se faufile
Sur le dessus des flots
Aborde l'autre rive
Et quitte nos regards.
Les laissant en suspens.

De chair ou bien de feu
D'airain ou bien de bronze
C'est la Kundalini qui passe.

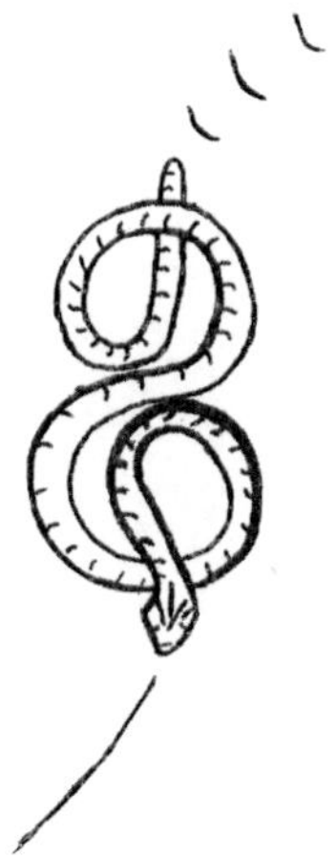

DÉTOUR PAR LA CÔTE

OHM CRIQUE OHM

La mer se veut poète.
D'un crayon de turquoise
Elle dessine le Ohm
En lisière de forêt.
C'est sa façon à elle
De nous dire de prier,
D'arrêter de penser,
De nous laisser aller.
Portée à bout de bras
Je me laisse accoucher.
L'aigle roux fait son nid
Il est bientôt midi.

ÉCOUTE SUBTILE

Un guide attentionné
Se met à votre pas
Se coule dans votre rythme
Alors qu'il est devant
Ne se retournant pas.

COUCHERS DE SOLEIL

Un

Parfois le ciel prend feu
Je m'y brûle les ailes
À vouloir m'y jeter
Je voudrais rayonner
Et me voilà cramée.

Deux

Impossible de décrire
Cette paix qui remonte
Quand le soleil descend
Car je deviens silence
Assise sur mon rocher
Les yeux vers l'horizon.

Trois

Version doudou :
Le soleil disparaît
Sous sa couette de brume,
L'éclat de son regard
Éclabousse quelques nuages
Sa paupière s'abaisse
La nuit se fait profonde
Et le froid me surprend.

DÉPART

DERNIÈRE MONTÉE

Dernière montée
Avant de partir.
Sac sur le dos
Je suis tombée
Genoux au sol
Comme si la terre
Voulait m'offrir
De sa poussière,
Comme si la terre
Me rappelait
De m'incliner
Profondément
Pour remercier
Du rendez-vous
Avec le Tout.
Humilité.

L'AVION ET LES CINQ ÉLÉMENTS

Il lui fallut du temps
Un vrai déchirement
Pour s'arracher du sol
À l'étreinte de la terre.

Il me semblait bien lourd
À trois heures du matin,
Il prenait ses appuis
Sur cette gravité
Quête de légèreté
D'apesanteur aussi.

S'appuyant sur le vent
Il y posera ses ailes.
Poussé par le soleil
Le feu devint moteur
Pour rejoindre l'envie
Et la curiosité
De contacter encore
Le cinquième élément
Cet amour puissant
Que propose la vie
À qui veut y goûter.

C'est là-haut dans le ciel
Que tristesse de quitter
Peut ouvrir les vannes
Et laver toute crainte
Pour un atterrissage
Aux rives du retour.

Le voyage continue
En spirale de vie,
La boucle n'est pas bouclée
Qui dessine l'infini.

FLORILÈGE

Tout se mélange,
Et tout m'attire
Veut se heurter
Pour exploser
Car ainsi le veut l'Inde
Nimbée de son aura
Tissée de paradoxes
Imprégnée de poussière
Drapée dans son mystère.

On ne sait faire un tri
Juger est présomptueux,
On ne peut qu'observer,
Tout arrive en désordre
Sur nos sens en éveil.
Et l'on se sent vivant
Assis tel un lotus,
Et l'on se sent vivant
Porté par le mouvement
Du germe de la vie
Qui cherche par tous moyens
À nous faire évoluer.

PARIS LE LENDEMAIN MATIN

Au petit jour
Tôt ce matin
Je méditais
Sur ma moquette.

La mer était absente,
Il me manquait les vagues,
Le soleil dans le dos,
Le sable dans les orteils,
Le vent dans les oreilles.

Je me suis retournée,
Le chien était ailleurs
Une vache est passée
Comme on laisse un souvenir…

Et malgré tous ces manques
La lumière était là
Déplissant la pénombre
Ignorant les frontières.
Un oiseau a chanté
Il m'indique le ciel.

TORTUE

On m'appelle tortue,
Sagesse en guise de plaid,
Sur mes pattes écartées
Tranquillement, j'avance.

Depuis la nuit des temps
Familière des grands fonds,
J'arpente terre mer.

Ma lenteur en mouvement
Connaît le juste geste.

Carapace étoilée,
Vibrant dans le cosmos
Grignote une salade
Et se goinfre de fraises.

Ma patience est puissante,
Toujours entre deux haltes
J'habite le silence,
Celui d'où vient le monde.

ET MAINTENANT

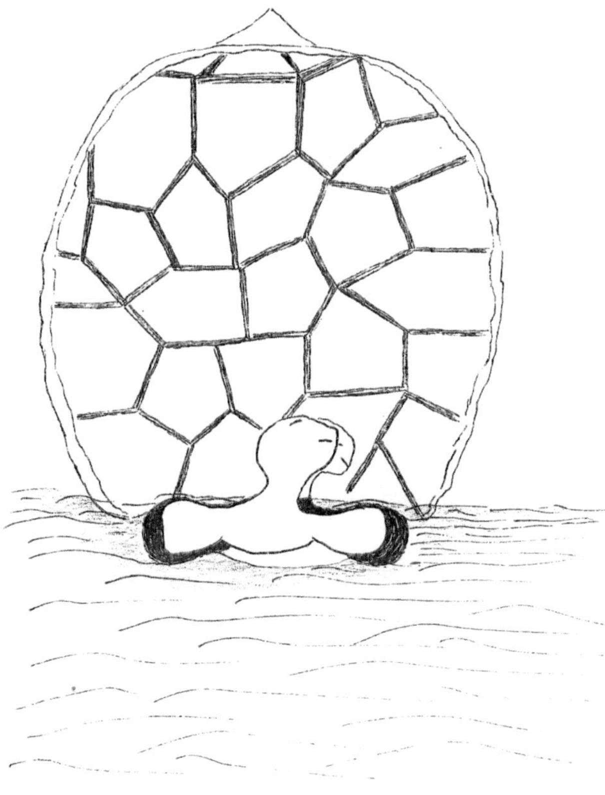

POSE TON ENCRE AILLEURS

Outre-noir ou
Jus de seiche,
Vert émeraude ou
Terre de Sienne,
Bleu turquoise ou
Invisible

Pose ton encre ailleurs…

Laisse-la s'écouler
Laisse-la s'imprimer
Où bon lui semblera

Et pars vers l'inconnu
Sans laisser nulle trace

Abandonne ton ancre
Tu n'en as plus besoin

Et nage en liberté
Sans plus te soucier
Sans plus te retourner

Et danse avec ta plume
Elle sait d'où vient le vent,
Elle sait le sens du vent.

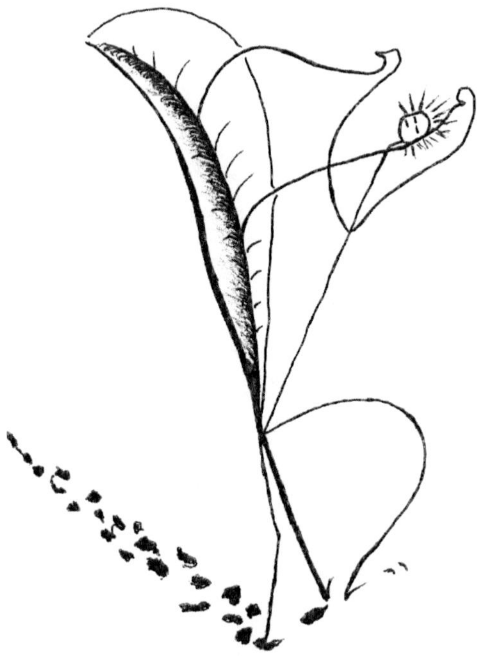

... et danse avec ta plume.

TABLE DES MATIÈRES

Tortue
Pose ton encre ailleurs
... et danse avec ta plume.

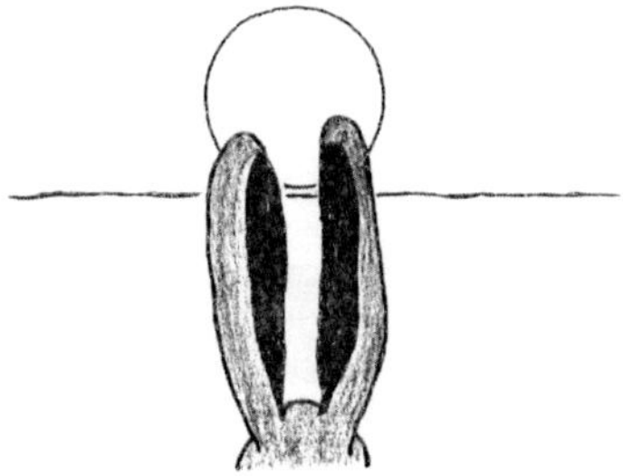

À tous ceux connus et inconnus
qui ont contribué à l'émergence de ces poèmes,
à la nature source inépuisable et généreuse d'inspiration,
j'offre beaucoup d'amour et un grand merci.

Mise en page réalisée
grâce à l'aide amicale, rigoureuse
et extrêmement efficace de Frédérique Boutmy.

1er avril 2021

DU MÊME AUTEUR

Les brRêves d'Agnès,
éditions L'Harmattan, 2013.

Achevé d'imprimer chez SoBook le 08-12-2021

Linselles - France

N° impression : 740 225